The Case for an Israeli-Palestinian-Jordanian Confederation

Why Now and How?

The Case for an Israeli-Palestinian-Jordanian Confederation

Why Now and How?

Alon Ben-Meir, Ph.D.

Westphalia Press
An Imprint of the Policy Studies Organization
Washington, DC
2023

*The enclosed essays were originally published
in* World Affairs, *Volume 185 Issues 1 and 4*
https://doi.org/10.1177/00438200211066350
https://doi.org/10.1177/00438200221128788

Alon Ben-Meir, Ph.D.
Tel: 212-866-5998
Email: alon@alonben-meir.com
www.alonben-meir.com

THE CASE FOR AN ISRAELI-PALESTINIAN-
JORDANIAN CONFEDERATION: WHY NOW AND HOW?

Westphalia Press
An imprint of Policy Studies Organization
1367 Connecticut Avenue NW
Washington, D.C. 20036
info@ipsonet.org

ISBN: 978-1-63723-628-4

Daniel Gutierrez-Sandoval, Executive Director
PSO and Westphalia Press

Updated material and comments on this edition
can be found at the Westphalia Press website:
www.westphaliapress.org

THE CASE FOR AN ISRAELI-PALESTINIAN-JORDANIAN CONFEDERATION: WHY NOW AND HOW?

THE CASE FOR AN ISRAELI-PALESTINIAN-JORDANIAN CONFEDERATION: WHY NOW AND HOW?

INTRODUCTION

After 73 years of conflict, regardless of the many changes on the ground, the political wind that swept the region, and the intermittent violence between Israel and the Palestinians, the Palestinians will not give up on their aspiration for statehood. Ultimately a two-state solution remains the only viable option to end their conflict. The difference, however, between the framework for peace that had been discussed in the 1990s and 2000s when the focus was on establishing a Palestinian state in the West Bank and Gaza versus the present time is that many new, irreversible facts have been created: in particular the interspersing of the Israeli and Palestinian populations in the West Bank, Jerusalem, and Israel proper; the status of Jerusalem, where both sides have a unique religious affinity; the Israeli settlements in the West Bank, the majority of which will have to remain in place; the intertwined national security concerns of Israelis and Palestinians; and the Palestinian refugees, who need to be resettled and/or compensated.

This leads me to believe that independent Israeli and Palestinian states can peacefully coexist and be sustained only through the establishment of an Israeli-Palestinian confederation that would subsequently be joined by Jordan, which has an intrinsic national interest in the solution of all conflicting issues between Israel and the Palestinians. To that end, all sides will have to fully and permanently collaborate on many levels necessitated by the above changing conditions on the ground, most of which can no longer be restored to the status quo ante.

There are two critical truths that provide the rationale behind this proposal. First, contrary to the views held by successive Israeli governments, including the Bennett government, the current conditions are not sustainable and could only make the conflict increasingly intractable and potentially explosive, with diminishing returns for both sides. Second, the U.S., the EU, and the Arab states feel that

1

the continuing conflict fuels extremism, destabilizes the region, and allows outside powers such as Iran and extremist groups to exploit the situation, all of which gravely undermines their geostrategic interests. As such, these Western and Arab powers will play a direct role in the negotiating process and pressure, when necessary, both sides to face the reality of their situation.

No agreement on the establishment of a confederation, however, can be achieved and sustained unless it is preceded by a process of reconciliation of 5–7 years. Such a process would involve comprehensive government-to-government and people-to-people interactions on many levels, especially socio-economic and security, as prerequisites to mitigate the psychological impediments and the deeply embedded distrust and hatred. All three sides need to agree from the onset that such a process will ultimately lead to the establishment of an Israeli-Palestinian-Jordanian confederation.

The establishment of a confederation will allow the parties to realize and sustain their national aspirations. Israel will be able to secure its democracy and its Jewish national identity, the Palestinians will fulfill their aspiration for statehood, and Jordan will maintain its independence and further enhance its national security. Under such conditions of peace, all three states will grow and prosper together, and create a broader regional peace.

THE FRAMEWORK OF A CONFEDERATION

Confederations are defined as "voluntary associations of *independent states* that, to secure some common purpose, agree to certain limitations on their freedom of action and establish some joint machinery of consultation or deliberation"[1] [emphasis mine].

What is important to emphasize about the concept of confederation is that the countries involved *maintain their independence,* and their collaboration on mutual issues of concern, though necessary, remain voluntary. The more they cooperate, however, the greater the benefit they engender and the more opportunities present themselves for further expansion of their collaborative efforts.

---

1   As defined by *Encyclopedia Britannica.*

Such a confederation would join independent Israeli, Palestinian, and Jordanian states together on issues of common interest *that cannot be addressed but in full collaboration under the framework of confederation.* This includes: the interspersed Israeli and Palestinian populations, the future status of Jerusalem, national security, the fate of the settlements, and Palestinian refugees. Their previous failure to come to an agreement precipitated largely by contradictory national interests, historical narratives, and psychological impediments on these issues explains why the conflict became increasingly intractable. Both sides sought concessions to which the other could not acquiesce, driven by their failure to negotiate in good faith, and now new conditions have been created on the ground. However, *given the inevitability of coexistence, whether under hostile or peaceful conditions,* an agreement in principle on the establishment of a confederation from the onset as the ultimate goal could allow both sides to jointly resolve and manage the following facts on the ground which are not subject to a dramatic shift and are central to reaching a sustainable peace agreement.

To reach that ultimate goal of confederation, a process of reconciliation for a period of 5 to 7 years, which would involve government-to-government and people-to-people interactions (confidence-building measures) on sociological, political, economic, cultural, and all other levels, will be required to alleviate the deeply entrenched distrust and resentment between the two sides and create a new atmosphere conducive to peaceful coexistence. This process would also allay the emotional and psychological barriers that have been haunting them for more than seven decades. Although some Palestinian extremists continue to call for Israel's destruction, the Palestinians in general know that *they will never realize a state of their own unless they accept Israel as an independent state with which they must coexist peacefully.*

First, it is necessary to establish that the Palestinians have the right to a state of their own, enshrined in the 1947 UN Partition Plan, UN General Assembly Resolution 181, which also granted the Jewish community in Palestine the right to establish an independent Jewish state.[2] The legitimacy of Israel as a sovereign country is anchored in

---

2   This right is reaffirmed in UNSC Resolutions 242 (1967), 338 (1973), 1397

that UN resolution, as is the Palestinian right to an independent state. The irony here is that whereas Israel claims legitimacy based on that resolution, it denies the Palestinians legitimacy through the same resolution. The fact that the Palestinians and the rest of the Arab States rejected the Partition Plan does not mean that they have permanently lost their right to statehood; regardless of such rejection the UN resolution remains valid. Israel will have to acknowledge the Palestinians' right to a state of their own, not only because the Palestinians will never give up their right but also because the international community is unanimous in its support of a Palestinian state. Moreover, Israel does not have veto power to prevent the establishment of a Palestinian state. Under the framework of a confederation between the two countries, along with Jordan, which will join the confederation once there is an agreement in principle between Israel and the Palestinians, Israel can secure much of what it has achieved on the ground in full collaboration with an independent Palestinian state.

Interspersed Populations

The fact that the Israelis and Palestinians are interspersed in the West Bank, Jerusalem, and Israel proper and *anchored in their current places of residence* makes it simply impossible to physically separate them or relocate a large segment of either population. There are an estimated 2.77 million Palestinians and 400,000 Israelis in the West Bank, and in East Jerusalem, there are nearly 330,000 Palestinians and 215,000 Israelis who mostly live in the post-1967 Jewish neighborhoods surrounding East Jerusalem, which the Palestinians consider settlements (Korach and Choshen 2018). There are also roughly 1.7 million Israeli Arab citizens, and while their status is dissimilar to the settlers living in the West Bank, the fact that they live in their country—Israel—as full-fledged citizens suggests that cohabitation of Israelis and Palestinians is inescapable. It should be noted that notwithstanding the fact that Israeli Arabs are citizens of Israel, they certainly have a deep affinity toward their brethren in the territories, which adds a social and cultural component to the

---

(2002), 1515 (2003), 1860 (2009), and 2334 (2016). In addition, the Palestinian National Council retroactively recognized UNGA Resolution 181 in the Palestinian Declaration of Independence in 1988.

interspersement of the two populations. The Palestinians in the West Bank are gradually coming to terms with the fact that Israeli Jews living in their midst is *also an irreversible reality.*

Although the Palestinians in Gaza are completely separated from the Israelis, they depend on Israel for supplies—especially medicine, building materials, electricity, gas, and oil—a reality that is not subject to dramatic change even once the blockade is lifted under conditions of peace. The interaction between the two sides will only increase by virtue of Gaza's location and the need of the Palestinians in Gaza and the West Bank to connect and transact with one another, which can be done largely through Israel on land.

Some Israelis living in small settlements scattered throughout the West Bank can be relocated to larger ones, albeit some of them will resist. But if the Israeli government provides them with better or equal housing, job opportunities, and some financial incentives, they would relocate peacefully. The vast majority of settlers, however, will stay in place because no Israeli government, regardless of its political leaning, will agree to remove such settlements. As was agreed in previous peace negotiations in 2008–2009 and 2013–2014, the Palestinians will be compensated through land swaps (constituting approximately four to six percent of territory) to make up for land used, especially by the three large settlement blocs along the 1967 border (commonly acknowledged as Ma'ale Adumim, Gush Etzion, and Betar Illit, although the exact configuration is still open for debate). All in all, these settlements included in land swaps will encompass approximately 80 percent of all Israeli settlers (Arieli and Novik 2018).

There will still be other settlements, such as Ariel, which will undoubtedly remain on Palestinian-controlled land. The Palestinians have no choice but to accept that hundreds of thousands of Israelis will continue to live in settlements in the West Bank, and the Palestinian Authority's demand to remove all settlements outside the three blocs is a non-starter.[3] However, settlers living in small settlements

---

3 As it stands, the three settlement blocs mentioned encompass 80 percent of all Jewish settlers in the West Bank; the remaining settlements apart from Ariel (which has a stagnant population) are individually very small and make up only 20 percent of the entire settler population.

will have to be removed or relocated in order to create land contiguity for the future Palestinian state.

The interspersed of Israelis and Palestinians in the West Bank and in Jerusalem is a permanent factor that has three dimensions. First, it will be impossible to erect a hard border between the two sides, as there will always be Israelis and Palestinians living in each other's territory who will want to move freely across the boundary. Jerusalem offers a good example where Israelis and Palestinians are able to mingle and enjoy freedom of movement between the East and West sides of the city.

Second, since uprooting Israelis or Palestinians in the hundreds of thousands from their current places of residence is impossible, there will be a need for extensive collaboration in relation to security and economic development, which will render the current hard border over time simply a political line.

Third, people and goods must be able to move freely in both directions, which in any case is necessitated by their respective populations' close proximity. However, this free movement does not infringe on their mutual independence, but will simply expand the level of cooperation on many other levels.

Under such a scenario, there will be a need to differentiate between citizenship and permanent residency. Israelis living in the West Bank can vote or be elected in Israel while maintaining permanent residency in the West Bank, provided they adhere to local laws and ordinance. The same is applicable to Palestinians, especially those living in East Jerusalem. (This is not applicable to Israeli Arabs, who are Israeli citizens who can vote and be elected in the State of Israel.) To maintain the Jewish national identity of Israel and that of Palestine, relinquishing citizenship for the other will be allowed only on rare occasions, such as when intermarriage occurs.

If Israel wants to maintain its democracy and its Jewish national identity, there is no other viable formula that can sustain that. To suggest that Israel can uphold the military occupation with different sets of laws and rules for Palestinians and Jewish Israelis is an illusion. The Palestinians will never give up their right to a state of their own regardless of how benevolent the Israeli government may be, especially because they continue to enjoy the overwhelming support of the international community.

Some Israelis and an increasing number of Palestinians have concluded that the only solution to the conflict must now rest *on the creation of one state,* given the irreversible reality of the interspersed Israeli and Palestinian populations, especially in the West Bank and Jerusalem. Whereas on the surface this may seem to be the most practical solution, there are no circumstances under which Israel would agree to such an outcome, as it would defy the very reason behind the creation of the State of Israel in the first place. The founders of Israel envisioned a Jewish and democratic state that would offer a refuge to all Jews as the answer for ending millennia-old persecution, discrimination, and expulsion culminating with the near-destruction of all European Jewry during World War II. However, under no one-state scenario would both Israel's democracy and Jewish identity be preserved, and for this reason, no Israeli government has ever and will never seriously entertain the idea of a one-state solution.

The nearly 3.1 million Palestinians in the West Bank and the 1.6 million Israeli Arabs will constitute roughly 45 percent of the total combined population of Jewish and Arab Israelis and Palestinians. If we were to include the Palestinians in Gaza, the total number of Palestinians and Israeli Arabs will be near that of Israeli Jews. Although the Jewish fertility rate has now surpassed that of the Arabs for the first time, with an average 3.1 per Jewish woman versus 3 per Israeli-Arab woman,[4] that does not change by much the demographic time bomb (Arlosoroff 2021; Abu Toameh 2020). In fact, even without the Palestinians in Gaza, a minority of nearly 50 percent makes it impossible to maintain the Jewish national character of Israel without violating the Palestinians' human and political rights.

The projected demographic growth of both communities clearly shows that the Palestinians would become the ruling majority within less than a decade. Consequently, Israel could not form a new government following three rounds of elections without inviting one Israeli Arab party to join the current coalition government. If Israel

---

4   Among Palestinians, the fertility rate is 3.8 in the West Bank and 3.9 in Gaza.

were to preserve its democracy and grant every Israeli and Palestinian the right to vote, it would obliterate the Jewish national identity of the state, which the vast majority of Jews in Israel refuse to allow. If Israel instead chose to protect its Jewish national identity and rejected suffrage for Palestinians under one state, it would then unequivocally become an apartheid state.

A relative majority of Israelis want to indefinitely control the West Bank, if not outright annex most of it and prevent the establishment of a Palestinian state, and plan to maintain the status quo by continuing to employ two sets of laws. Israeli Jews living in the West Bank are full-fledged Israeli citizens and are governed by Israeli laws, while Palestinians in the West Bank are governed by military rules with all the restrictions that entails, including restriction of civil rights and freedom of movement, detentions, and arbitrary searches and seizures, among others.

The new Israeli Prime Minister Naftali Bennett, who openly and resolutely opposes the creation of a Palestinian state and wants to keep the Palestinians at bay, is taking various measures to make the occupation decreasingly oppressive, hoping that the Palestinians will eventually settle for the status quo and accept their lot under a more benevolent occupation. This type of "one state" solution that right-wing Israeli parties want to perpetuate is unrealistic. Many Palestinians will accept a one state solution only if they are given the same rights as Israeli Jews under a democratic form of government, knowing that they will end up being the governing authority over a period of a few years, which is a complete non-starter for the vast majority of Israelis.

Under the concept of confederation, however, the Palestinians can realize their aspiration for an independent state of their own without any infringement on Israel, and Israel can maintain its independence as a democratic state with a sustainable Jewish majority.

To be sure, the interspersing of Israelis and Palestinians is a reality that cannot be wished away. Since uprooting any significant number of Israelis or Palestinians from their current places of residence is unacceptable by either side and in fact impossible, *only a confederation would allow for continuing the current interspersement of the populations while preserving the independence of Israeli and Palestinian states.*

Borders

Given the interspersed Israeli and Palestinian populations, the final political borders will be determined by mutual agreement based on the disposition of the settlements, the extent of the land swaps to compensate for the settlements that will remain beyond the Green Line (June 4, 1967 borders), and the political line that will be established between East and West Jerusalem. The Israeli argument that hard borders are necessary for defense and security is valid only to the extent that there is an ongoing violent conflict. However, once the conflict ends and a comprehensive joint security apparatus is established, it stands to reason after a period of 5 to 7 years of reconciliation a hard border becomes unnecessary, specifically because of the interspersed populations in the West Bank (including the settlements) and Jerusalem, along with the intertwined security apparatus.

In the context of final borders, perhaps it is necessary to disabuse those who argue that Jordan is a Palestinian state and that any solution to the Israeli-Palestinian conflict should be resolved in that context, as it is simply wishful thinking. Since Israel and Jordan signed a peace agreement in 1994, *no Israeli official has ever suggested that Jordan is Palestine.* At this juncture, however, this notion is irrelevant because the concept of confederation includes Jordan as a third state of the future confederation. This is due to many factors, including Jordan's shared border with Israel and the West Bank, mutual security concerns, especially in the Jordan Valley, the composition of the Jordanian population (nearly 55 percent Palestinian) and its relationship with Palestinians in the West Bank and Gaza, trade relations between Jordan and Israel and between Jordan and the West Bank, and Jordan's custodianship of the Muslim holy shrines (Haram El-Sharif) in Jerusalem.

Under the framework of a confederation, the contours of the final borders between Israel and Palestine will be political in nature and appear on maps only. The time span of the transition from hard to soft borders will depend on the prospective interactions between the two sides on many levels, including commercial ties, economic developments, tourism, and the nurturing of trust, which is at the heart of the process of reconciliation.

Security

For obvious reasons, Israel's national security and the Palestinians' sense of insecurity are sources of great concern to both sides, particularly as they are directly connected. Therefore, security collaboration is central to any peace agreement. Even now, there is extensive security collaboration (such as intelligence sharing, apprehending would-be terrorists, and coordination between security forces), which must be further expanded under the canopy of a confederation. There are many Israelis who believe that regardless of the contours of a mutually-agreed border, current security arrangements, and even those in the future, the Palestinians will still fight to regain all of the land, from the Mediterranean Sea to the Jordan River. Even if this were to be true, by what means, military or otherwise, can they in reality push Israel out of existence? Those Israelis who do not want to relinquish the occupation of the West Bank often use national security as the rationale behind their persistent opposition to the creation of a Palestinian state, albeit any peace agreement must be based on a solid security collaboration between the two sides.

It is critically important for the Palestinians to understand that notwithstanding the fact that Israel is the most powerful country in the region by virtue of its formidable military strength and operational nuclear capability (thus with an ability to confront almost any threat), the Israelis still experience a sense of existential vulnerability. This is traceable to the Jews' historical experiences as a scapegoat and persecuted minority throughout Europe, the Middle East, and North Africa. The systematic persecution of the Jews, especially in Europe, which culminated in the Holocaust where six million Jews were murdered, left an indelible mark on every Jew, and they are still haunted by that unimaginable calamity to this day.

Thus, the concern over Israel's national security is psychologically ingrained, and neither its own military prowess nor external assurances to protect its security, including from the U.S., completely assuage those concerns. For this reason, Israel takes very seriously the fact that there is a considerable segment of the Palestinian population, in particular Hamas and Islamic Jihad, which still threatens Israel's very existence.[5] Regardless of how real or exaggerated such threats may be makes little difference because Israel takes nothing for granted where its national security is concerned.

The Palestinians' initial rejection along with the Arab states of the establishment of a Jewish state and extremist Palestinians' continuing existential threats reinforced Israel's national security concerns. In many ways, the Second Intifada in 2000 was a turning point for most Israelis as it erupted immediately following the failed peace negotiations at Camp David, which Israel conducted in good faith, and where the establishment of a Palestinian state was treated as a given. This gave rise to the notion among a multitude of Israelis that the Palestinians *can never be trusted and their ultimate aim is to liquidate Israel,* and hence they ought to be permanently subjugated and treated with an iron fist. On the contrary, it is neither logical nor practical for any government of an independent Palestinian state to allow any extremist individuals or groups to threaten Israel. They know full well that Israel can enter the West Bank at will and impose new harsh restrictions that would severely compromise the country's independence. This is a likely outcome that no Palestinian government would ever want to occur, as once the Palestinians have their independence, they will not want to do anything to compromise that—which works entirely in Israel's favor from a security perspective.

What the Israelis fail to understand, however, is that their drive to achieve absolute security rendered the Palestinians absolutely insecure. In the wake of the First Intifada beginning in 1987, Israel pursued harsh policies toward the Palestinians prompted by their own sense of insecurity, which intensified greatly after the Second Intifada. As a result, Israel engaged in security activities that resulted in human rights violations, which made the Palestinians feel ever more oppressed, humiliated, and vulnerable. Such violations included night raids against suspected Palestinian terrorists, unjustified incarcerations for months and even years without trial, restriction of

---

5   While Hamas' public posture seeks the destruction of Israel, privately Hamas leaders admit that Israel is there to stay.

movement, home demolitions, uprooting of olive groves by radical settlers, and creeping annexation of Palestinian territories to make room for the expansion of settlements.

The Israelis still justify these and other violations in the name of national security when in fact it has become increasingly clear that successive Israeli governments were pursuing a policy of territorial expansionism by building more settlements throughout the West Bank. This policy, of course, exacerbated the Palestinians' distrust of the Israelis and deepened their conviction that Israel will not allow the creation of a Palestinian state. Statements to that effect were made explicitly on a number of occasions by former Prime Minister Netanyahu and openly expressed by the current Prime Minster, Naftali Bennett.[6] Bennett not only opposes the establishment of a Palestinian state, he has previously called for the annexation of Area C in the West Bank, which comprises 60 percent of the entire Palestinian territory (Lazaroff 2020).

One central security issue is the protection of the Jordan Valley. While Israel insists on maintaining its own security forces along the Jordan River, the Palestinians have rejected this as they consider the Jordan Valley an integral part of a future Palestinian state. Given that Jordan will become the third state in the confederation and is already involved in the security of the border with Israel, the solution to the security of the Jordan Valley will rest on full collaboration between the three member states of the confederation, even prior to Jordan formally joining. To be sure, Israel will insist on such an arrangement, and there is no evidence that either the Palestinians or Jordan will categorically object to that. Such an arrangement would prevent the infiltration of terrorists and the smuggling of weapons, and guard the broader external borders from threats coming from Syria, Hezbollah, and Iran, which are of great concern to Israel and Jordan, as well as to the Palestinians.

---

6   When asked by former Israeli news site *NRG* in 2015 if there would be no Palestinian state if he were prime minister, Netanyahu responded "Indeed." Naftali Bennett as recently as January 2020 stated "…we will apply [Israeli] sovereignty to all of Area C, not just the settlements…"; since becoming Prime Minister, he has claimed that there will be no change in the territorial status quo under his current government (Breitman 2015; Lazaroff 2020; Kampeas 2021).

Collaboration on all security matters is essential; Israel will be hard-pressed to make any significant concessions unless it is satisfied that its national security is not being compromised. The Palestinians, on the other hand, will retain sovereignty over the Jordan Valley while benefitting from Israel's enhanced sense of security if they take all security measures seriously and cease their threats because the safer Israel feels, the more lenient and accommodating it will become.

The newly-established Palestinian state must be demilitarized. The Palestinians do not need any military forces for three reasons: first, there is no regional enemy that will threaten the Palestinian state, especially once the Israeli-Palestinian-Jordanian confederation is established. Second, regardless of how powerful such a Palestinian military might be, it will *never* be in a position to overwhelm the Israeli military, as Israel will always maintain a military edge in the region that no enemy or a combination of enemies can overwhelm. Third, the Palestinians do not have the financial means to recruit and equip a military, regardless of how small it may be. Furthermore, Palestinian Authority President Mahmoud Abbas has on a number of occasions supported the demilitarization of a future Palestinian state, under the supervision of the Israel Defense Forces (IDF) for 5 years, with security managed by American-led NATO forces indefinitely (Rudoren 2014). However, the Palestinian state would retain its existing paramilitary security forces and handle any external threat jointly with Israel's and Jordan's militaries.

To that end, the future Palestinian state would significantly augment its domestic security apparatus and work very closely with Israel to prevent extremists from either side from committing acts of violence against the other. Such full cooperation on all security matters *can be done only in the context of a confederation*. For this reason, their cooperation should include sharing intelligence, conducting joint operations to prevent violent attacks by individuals or groups from either side, and establishing rules of engagement to prevent accidental clashes between their respective security forces.

Finally, those Israelis who want to maintain the occupation often invoke what happened in Gaza following Israel's withdrawal in 2005. They argue that once the Palestinians assume total control of the West Bank, they will follow Hamas's footsteps and threaten Israel's urban centers with missiles and rockets and wreak havoc on the Israeli population. However, this argument is extremely misleading. Unlike the Israeli withdrawal from Gaza, which was done in haste and without any security arrangement or even agreement with the Palestinian Authority, which governed Gaza at the time, *Israel will not end the occupation* of the West Bank *without an iron clad security arrangement* with the PA. Moreover, no withdrawal should even be contemplated before going through a process of reconciliation for a number of years to build bridges in all fields of life and mitigate the existing mistrust and hatred between the two sides. As mentioned above, and unlike the situation that prevailed in Gaza, there is already considerable security collaboration between Israel and the PA, which will only further expand under the umbrella of a confederation.

Jerusalem

The concept of an Israel-Palestinian-Jordanian confederation is perfectly applicable to Jerusalem. Jerusalem is unique in that both Israelis and Palestinians—and many Jews, Muslims, and Christians around the world—have a special affinity to the city. There are three major factors that attest to the city's uniqueness and hence the necessity of full collaboration between the three member states.

First, East Jerusalem houses the largest mixed Jewish-Arab community anywhere in the world, with roughly 330,000 Arabs and 215,000 Israelis. Although the majority of Palestinians live in East Jerusalem, they move freely across the city east and west and throughout Israel. Israelis and Palestinians mingle and transact regularly throughout the city, and neither side expects that to change under any peace agreement.

Second, the city's infrastructure and services—roads, electrical grid, communication, and maintenance—are all fully integrated. There is simply no way that these services and the interconnectedness between the two sides can be altered in any significant way. In fact, neither Israel nor the Palestinians want to physically divide the city, regardless of its final political status.

Third, Jerusalem is home to the Jews' holiest shrine, the Western Wall (the outer wall of the Second Temple), the third-holiest Muslim shrines, the al-Aqsa Mosque and the Dome of the Rock (Haram al-Sharif), and the holiest sites in Christianity within the Church of the Holy Sepulchre. All three Abrahamic religions respect each other's religious affinity to the city. The fact that the Jewish and Arab holy shrines are adjacent to one another, and no physical change can take place suggests that there will always be the need to fully collaborate on security, tourism, access, and improvements to all of the holy sites. None of the prospective members of the confederation will allow, under any circumstances, any physical change that will alter the current status quo.

Whereas Israel claims that all of Jerusalem, East and West, is the capital of Israel based on biblical and historic claims, the Palestinians also have religious claims based on the Quranic "Night Journey," when the Prophet Mohammed stopped in Jerusalem on his way to heaven, and insist that East Jerusalem must be the capital of their future state. However, given that the city under any circumstances will remain united physically, and that the majority of the population in the old section of East Jerusalem is Palestinian, it stands to reason in practical terms as well that the Palestinians should have a say about the administration of East Jerusalem.

Under the confederation framework, East and West Jerusalem would have independent municipalities with their own administrative prerogatives. East Jerusalem would be the capital of the Palestinian state and West Jerusalem the capital of Israel, and a joint Israeli-Palestinian commission covering the entirety of Jerusalem would be established to handle any issues or services that have an impact across the two sections of the city. This includes electricity, water, and other municipal services, cross-border crimes, and development projects which affect both sides of the city, to name a few examples.

The commission should operate on the basis of advice and consent by the members of the commission. The chairman of the commission should alternate between an Israeli and Palestinian for a period to be mutually agreed upon. Such commissioners should have special expertise on issues of importance to the city, including law enforcement, civil engineering, public health, and transportation, among others. The number of commissioners and their expressed duties and responsibilities will be established by mutual consent. The commission will have a clear and well-defined mandate to ensure *that neither side can infringe on the other's separate municipal independence and responsibilities.*

In this regard, since Israel occupied East Jerusalem in 1967, the Hashemite Kingdom of Jordan has and continues to maintain the custodianship and the administration of the Muslim holy shrines, Haram al-Sharif. Given that Jordan will become the third state in the confederation, it will continue to administer the Muslim shrines while Israel will continue to maintain its control over the Western Wall. That is, under any circumstances the three sides will have to cooperate and work closely to ensure the security and future development of these sites, including excavation without prejudice of their respective shrines. As part of this, a religious council encompassing Judaism, Islam, and Christianity would be established to deal with various issues related to their religious dominion over their holy shrines.

Under the confederation framework, Israel will have to accept that the Palestinians will establish their capital in East Jerusalem, *while all Israeli Jews living on the east side of the city will remain in place.* In fact, the Trump administration's official recognition of Jerusalem as Israel's capital clearly states that "We are not taking a position on any final status issues, including the specific boundaries of the Israeli sovereignty in Jerusalem, or the resolution of contested borders. Those questions are up to the parties involved" (Trump 2017).

There are many Israelis, perhaps a majority, who insist that Israel will never give up its sovereignty over East Jerusalem, be that for biblical or historic reasons.[7] They argue that the Palestinians' future capital should be established in either Abu Dis, on the outskirts of Jerusalem, or Silwan, which would be incorporated into Greater Jerusalem. The Palestinians have rejected these proposals off hand and

---

7   However, a majority of such Israelis making biblical or historic claims also do
     not consider most of the eighteen Palestinian villages that were incorporated
     into the city after 1967 an integral part of Jerusalem.

under no condition will they abandon their quest of making East Jerusalem the capital of their future state, especially because they have the backing of the Arab states. In fact, in spite of the normalization agreements between Israel and various Arab countries, the Arab states continue to insist that the capital of the Palestinian state must be East Jerusalem, which must become an integral part of the Palestinian state. Jerusalem serves as an extremely important symbol to the Arab world as a whole. That said, the city will remain totally open for both Israeli and Palestinians to move freely in both directions, which is in essence a continuation of the current status quo.

Given the fact that Jerusalem is the home of the largest mixed Jewish-Palestinian community, and since the city will remain united under any circumstances, Jerusalem will become a microcosm of Israeli-Palestinian coexistence. It has been such since Israel captured East Jerusalem in 1967. Thus if peaceful coexistence is a must in Jerusalem, it can certainly be applicable in the West Bank, even in in the case of Hebron where the small number of settlers (like all others that will not be transferred to Israel proper) will abide under local laws, albeit with some tension, which will certainly recede in due course *under conditions of peace and under the umbrella of confederation.*

Palestinian Refugees

Although a resolution to the Palestinian refugee issue is not directly related to the confederation, there will be no solution to the Israeli-Palestinian conflict until this agonizing and troublesome issue is settled with definitive efficacy and execution. For more than seven decades, Palestinian leaders made the refugee problem front and center in the conflict with Israel, while methodically engaging in narratives that imbued the public with the notion that the Palestinian refugees' right of return is *sine qua non* to finding a peaceful solution.

From previous negotiations, going back to the mid-1990s, Israel made it abundantly clear (and the PA understood and conceded, albeit not publicly) that under no circumstances will Israel allow the return of any significant number of refugees—only at most a symbolic few thousand (perhaps 25,000 to 30,000) under family reunification. As Israel sees it, the return of the refugees would demographically obliterate the Jewish national character of the state, which is the *raison d'etre* behind Israel's creation.

Nevertheless, the problem is that Palestinian leaders have consistently and publicly been promoting the right of return, regardless of how illusory it may be. Palestinians from all political persuasions continue to support the right of return because they see it as the glue that keeps all Palestinians "united." In fact, Palestinian leaders have consistently exploited the right of return, which became more of a slogan to rally the people around an emotional issue and make it the center piece of their own political agenda. Every Palestinian leader, starting with Yasser Arafat, knew only too well that they were misleading their public and that the right of return, as they described it, would never be realized.

It is time for the Palestinians to disabuse themselves of the notion of the right of return *as they currently envision it*. Instead, the Palestinians must redefine the right of return—not to the exact towns and villages (and in some claims, exact homes) from which they and their ancestors fled, but to a return to the State of Palestine in general, which is in line with the international legal principle of right of return, which grants this return to "one's own country." Indeed, only 29 percent of Palestinians see "the right of return to refugees to their 1948 towns and villages" as an important goal (Palestinian Center for Policy and Survey Research 2018). Palestinian leaders only keep this as a goal to sustain their momentum, knowing it will never be fulfilled, and use it as a bargaining chip in future negotiations. The solution to the refugee issue rests then, as it always has, on compensation and/or resettlement, mostly in the West Bank and Gaza (in relatively smaller numbers), and offering compensation for those *who choose not to* relocate, be they in Lebanon, Syria, Jordan, or beyond.

Additionally, this is in line with UNGA Resolution 194 (1948), which stipulates that "refugees wishing to return to their homes and live at peace with their neighbors *should be permitted to do so at the earliest practicable date,* and that *compensation should be paid for the property* of those choosing not to return and for loss of or damage to property which, under principles of international law or equity, should be made good by the Governments or authorities responsible" [emphasis mine], and which the PLO has long-cited as its basis for the right of return.[8]

Given Hamas' longstanding opposition to the State of Israel, Gaza will not have any impact on this arrangement. Nevertheless, if Hamas drops the idea of return, funding should be made available (from the overall funds to be raised for the refugees as outlined below) to resettle refugees in Gaza, and if any Palestinian refugee chooses to return to Gaza, they should be free to do so.

The funds for resettling and/or compensating the Palestinian refugees ought to be raised from the countries that want to end the Israeli-Palestinian conflict, particularly the U.S., the EU, and the oil-rich Arab states which have the resources to provide the necessary funding for that purpose. Obviously, the total amount required will depend on how many Palestinian refugees want to relocate and settle in the West Bank and Gaza, and how may will simply seek compensation.[9] Based on current knowledge of the countries mentioned above, they will be ready to provide the bulk of the funds for that purpose estimated by various sources to be roughly $10 billion, to be administered by representatives of the donor countries with the involvement of UNRWA (Lasensky 2003). This UN agency continues to spearhead the Palestinian refugee programs, as it has for the past seven decades. The agency keeps and maintains records of refugees—their population, movements, and places of residence.

Given the sensitivity of the refugee issue and the decades-long focus on the right of return, which sadly has been exploited for political gains by the Arab states and the Palestinian Authority in particular, the solution to this problem ought to begin at the onset of the process

---

8   This is also in line with proposals introduced at Camp David in 2000 and the subsequent Clinton parameters, as well as Olmert's peace offer in 2008.

9   According to a 2003 poll conducted by the Palestinian Center for Policy and Survey Research, among Palestinian refugees residing in the West Bank, Gaza, Jordan, and Lebanon, 54 percent would choose to settle in the West Bank and Gaza, or designated areas of Israel that would be included in a land swap with Israel; 73 percent would seek compensation of some amount. Only 10 percent would seek Israeli citizenship and resettlement in Israel proper (PCPSR 2003).

of reconciliation. There will be some resistance to that by Palestinian extremists, who have been using the right of return to rally the public behind their own agenda. However, once the funds become available, both the PA and Hamas will be hard pressed not to oppose resettlement and/or compensation as they stand to benefit greatly from the funds infused for that purpose.

There are no means by which the Palestinians can compel Israel to concede the principle of the right of return. This simply will not happen for the reasons stated above. During the process of reconciliation, the Palestinian leadership must begin to tone down their demand on this issue in a sincere effort to gradually disabuse the public of the notion that the right of return is central to finding a permanent solution to the conflict with Israel.

Hamas' Place in the Context of Confederation

Once the process of establishing a confederation between Israel and the Palestinians of the West Bank begins, Hamas should be invited to join the Palestine Liberation Organization (PLO) and to be a partner to the agreement, provided that it *first recognizes Israel's right to exist and officially renounces the use of violence.* In addition, Hamas must fully subscribe to the framework of the confederation which is being established and agreed upon between Israel, the Palestinian Authority, and Jordan. However, if Hamas elects not to join at the early stage, it should be allowed to do so at a later date as a part of the Palestinian state.

There are two factors which will give the Israelis great pause. First, reconciliation between Hamas and the PA remains a remote possibility. Second, there is great pressure on the PA to hold new elections, which Hamas is likely to participate in and potentially win. Under such a scenario, Israel should not interfere in the electoral process and must accept the result of the elections regardless of who the winner is. Israel should not make the same mistake it made in 2006 after Hamas won the election, when it decided to arrest many of the elected parliamentarians affiliated with Hamas to prevent them from forming a new government, which has since largely contributed to the deep hostilities between Hamas and Israel.

As a matter of policy, Israel, particularly under Sharon and Netanyahu, has strived to "divide and conquer" the Palestinians via the PA and Hamas and made it clear time and again that it would never negotiate with a Palestinian unity government that includes Hamas. Hamas understands that should it achieve its political objective and form a new government, it will have to recognize Israel, renounce violence, and stop threatening Israel's existence. Otherwise, Israel will stop short of nothing to block Hamas from governing the Palestinians in the West Bank unless they peacefully reconcile with Israel's existence.

Indeed, Hamas knows that it cannot overwhelm Israel militarily now or anytime in the foreseeable future, and Israel knows that a total victory over Hamas is simply impossible. If Hamas assumes power in the West Bank along with its current rule in Gaza, it will opt to reconcile with Israel's existence for five reasons. First, Israel will not hesitate to militarily attack any government that threatens its existence and Hamas' leaders know that. Second, Hamas will continue to depend on Israel to allow for the deliveries of goods, oil, electricity, and building materials both to the West Bank and Gaza, as well as for job opportunities for tens of thousands of Palestinians. Third, a majority of Palestinians in the West Bank and Gaza want to end the conflict with Israel because they want to end their plight, which can be materialized only under conditions of peace. Fourth, Hamas will need a major infusion of cash for reconstruction, knowing though that no one will invest in any major project that will be destroyed in retaliatory attacks by Israel should Hamas decide to violently provoke Israel. As such, they will have no choice but to agree that reconstruction will be tied to a complete cessation of hostilities against Israel. Finally, Hamas depends entirely on Israel and Egypt to cross from Gaza to the outside world, and they will be hard pressed to behave responsibly once they achieve their political objective.

One other criterion Hamas will be required to meet is distancing itself from its parent organization—the Muslim Brotherhood. Most Arab states, with the exception of Qatar, view the Muslim Brotherhood as extreme Islamists, and Egypt in particular views it as a terrorist organization. Thus, for the Arab states to provide financial aid to a Palestinian government led by Hamas, they would want to ensure that Hamas ends its affiliation with the Muslim Brotherhood and severs its relations with Iran, which many Arab states consider a lethal enemy.

In any event, however, if Hamas does not participate in the election and remains outside the peace process, this should not prevent Israel from reaching an agreement with the Palestinian Authority. Although this would as a consequence leave some unfinished business, it will not torpedo any kind of agreement between Israel, Jordan, and the PA. Both Israel and the PA have been held hostage by Hamas for many years; they should not continue to be constrained by what Hamas does or does not want to do, unless it is prepared to join the peace process as an integral part of the Palestinian body politic.

Those who advocate that the current state of affairs between Israel and Hamas serves Israel's best interests are profoundly mistaken. Israel need not reoccupy Gaza or open the border for Hamas to import what they wish with no restriction to solve the conflict with Hamas. After four major conflagrations and Hamas' constant threat of launching tens of thousands of rockets against Israel (as recently as May 2021, when Hamas fired over 4,300 rockets), most Israelis realize that the current status quo is not sustainable. Hamas will neither go away nor will Israel allow it to have free reign. Obviously, the only way they can peacefully coexist is by recognizing the unmitigated reality of each other. An agreement on a long-term ceasefire (*hudna*) of perhaps 15 to 20 years, which Hamas has been calling for, cushioned by a process of reconciliation, will change the dynamic of their conflict. While Israel has legitimate concerns that a long-term ceasefire will only allow Hamas to further strengthen itself by amassing more weapons and better training its fighters to ready them for the next battle, such a situation should clearly not be allowed by the terms of the ceasefire. Israel is just as responsible as Hamas for finding a long-term solution, which will be dictated by the reality on the ground that neither can change by force.

JORDAN'S CENTRALITY AS THE THIRD STATE
IN A CONFEDERATION

For many reasons—including Jordan's national security concerns, its proximity to Israel and the West Bank, the demographic composition of the country (wherein 55 percent of Jordanians are of Palestinian descent), commercial ties with both Israel and the Palestinians, Jordan's custodianship of the Muslim holy shrines in Jerusalem, and being at peace with Israel—Jordan will be a central third *independent* state in the envisioned confederation. As such, Jordan needs to play a pivotal role in facilitating the Israeli-Palestinian negotiations due to its national interest, which is intertwined with both Israel and the Palestinians. Jordan shares a nearly 350 km border with Israel and the West Bank. This shared border has serious implications on just about every aspect of life between them. Given Jordan's centrality in every manner—geographically, politically, and strategically—its input from the onset in the negotiations is crucial not only to the formation and sustainability of the confederation, but the establishment of peace between Israel and the Palestinians themselves, and the creation of an independent Palestinian state.

The Israeli-Jordanian peace

Since the peace treaty between Israel and Jordan was signed in 1994, the late King Hussein and his successor King Abdullah carefully guarded the peace treaty by maintaining mutually beneficial relations between the two countries. Occasionally, they experienced some tension, mostly connected to Israel's treatment of Palestinians in the territories, the building of settlements in the West Bank, and security and access disputes over the Temple Mount. Apart from these issues, regardless of who led the Israeli government and their political leanings, Jordan made it a point to focus on its national interests first.

Although Jordan denounces the occupation, objects to Israel's building and expanding settlements in the West Bank, and condemns Israel's harsh treatment of the Palestinians and the annexation of Palestinian territories, among other disputes, Amman has not allowed such disagreements to affect the fundamentals of the peace treaty with Israel. Jordan views its peace with Israel as one of the most important pillars of the country's geostrategic interests and political stability. On the other hand, although Israel often complained about Jordan's unwillingness to reveal any of the benefits it has derived from the peace treaty due to not wanting to compromise its public unwavering support of the Palestinians, Israel did not allow this "cold peace" to compromise the integrity or affect the strategic importance of the peace treaty with Jordan.

Indeed, from the Jordanian perspective, peace with Israel has offered the Hashemite Kingdom many advantages that outweigh any discord between the two countries. Although much of the collaboration on many fronts between Jordan and Israel receives little publicity, it is extensive and continues to grow. One other element that keeps the bilateral relations on track is that Israel uses its influence on its congressional supporters in Washington, D.C., to ensure continuing financial aid to Jordan to the tune of $1.5 billion, which further cements the Israeli-Jordanian bilateral relationship (Magid 2021). The fact that the U.S. views both Israel and Jordan as strategic allies further deepens their ties, which has significant regional implications.

Intertwined National Security

Perhaps the most noteworthy aspect of Israeli-Jordanian relations is their comprehensive security collaboration which, in fact, served as the bedrock that has sustained and further strengthened their peace treaty. This security collaboration entails military-to-military relations including intelligence sharing, military training, the transfer of military technology, and the purchase of light weapons from Israel. This is particularly important because the threats emanating from Iran and its militant proxies in Syria, Lebanon, and Iraq affect both countries' national security. For Israel, ensuring stability in Jordan is vital to its national security, and from the Jordanian perspective, Israel provides significant deterrence against any enemy that seeks to undermine the Kingdom's security.

In addition, Jordan provides Israel strategic depth to the east, which is in concert with the U.S. defense strategy in the Middle East. The U.S. considers the peace treaty to be extremely important for American strategic interests, and it has prioritized improving ties between the two countries. To be sure, both benefit greatly from their security cooperation, which continues to expand due to the unsettling regional conflicts. Finally, given that the establishment of a confederation and its endurance hinges on full cooperation on all security matters, the current Israeli-Jordanian security cooperation will continue to provide a solid foundation for the creation of a united security apparatus that includes the Palestinians. To be sure, Israel's present security collaboration with both Jordan and the Palestinian Authority are intertwined and trilaterally complementary, which can only further strengthen under the umbrella of confederation.

Custodianship of the Muslim Holy Shrines

Since the signing of the peace treaty between Israel and Jordan, Israel has always respected the Hashemite Kingdom's special role in administering the Muslim and Christian holy sites in Jerusalem,[10] which gives Jordan significant input over the status quo on the Temple Mount. Amman has often been at odds with Israel for not enforcing the ban on Israeli Jews praying at the al-Aqsa compound, which is a violation of the status quo. Amman also criticizes Israel for its heavy-handed security around the compound and access to it, most recently seen in the aftermath of Israeli restrictions on access to the holy site during Ramadan in April 2021. Nevertheless, the two sides quickly reconcile as neither wants any conflict to adversely impact their relationship.

It is important to note that since Jordan's custodianship of the Muslim holy shrines is not likely to change, it will not have a dramatic impact on the final solution to Jerusalem. Jordan is committed to the establishment of a Palestinian state, and it respects Israel's sovereign right to control, administer, and further develop its own holy sites. It does not, however, view that as an obstacle in the search for a solution to East Jerusalem, which is mutually claimed by Israel and the Palestinians. On the contrary, given the fact that Jerusalem cannot and will not be divided again, and the deep religious affinity to Jerusalem by Israelis, Jordanians, Palestinians, and the broader Arab world, the creation of a confederation will greatly facilitate a solution

---

10 With the exception of Roman Catholic sites.

to the future of East Jerusalem. Moreover, Jordan's custodianship of the Muslim holy shrines will play a significant role in strengthening the religious aspect of the confederation and its sustainability.

Jordan's Demographic Composition

King Abdullah is sensitive to the large number of people of Palestinian descent in his country, which comprise more that 55 percent of the Jordanian population (Aftandilian 2020).[11] The vast majority of Palestinians who were born in Jordan view themselves as full-fledged Jordanian citizens, yet still have a very deep affinity to all Palestinians, regardless of their places of residence, and strongly support the establishment of an independent Palestinian state in the West Bank and Gaza.

Jordan lost its control over the West Bank following the 1967 Six Day War, and by 1988 fully relinquished its claim, because the late King Hussein wanted to separate the West Bank from Jordan proper. He sought, and his successor King Abdullah continued, not only to safeguard Jordan's territorial integrity and political independence, but also to *disabuse many Israelis of the notion that Jordan is Palestinian*, as the premise that the Palestinians had a homeland in Jordan fueled justifications for annexing the West Bank. Jordan has and continues to insist, particularly since 1988, that the Palestinians in the West Bank and Gaza have an inalienable right to establish a state of their own with East Jerusalem as its capital. Both kings steadfastly opposed the occupation and the expansion of the settlements, and certainly any further annexation of Palestinian land.

In fact, Jordan made it very clear that if Israel is to annex a large part of the West Bank, Amman may well sever its diplomatic relations with Israel. King Abdullah's position has undoubtedly greatly inhibited Israel from taking such a step, especially now in the wake of the Abraham Accords with the United Arab Emirates, Bahrain, Sudan, and Morocco. The four countries have likewise insisted that their normalization of relations with Israel is conditioned upon Israel's

---

11 This number is disputed; a Jordanian official claimed in a conversation with the author that the real number of Jordanians of Palestinian descent is between 43 and 48 percent.

ceasing any further annexation of Palestinian land in the West Bank.

For Jordan, the establishment of a Palestinian state under the umbrella of a confederation would lay to rest the Palestinian refugee problem, which has over the years been threatening Jordan's stability and the region as a whole. Thus, under the framework of a confederation, the Palestinian refugees who want to settle in the West Bank and Gaza and those who seek compensation and remain in their places of residence will be able to do so—which is the only practical outcome under any circumstances.

Jordan's Commercial Ties

Any analysis of the economic and commercial ties between Israel, Jordan, and the PA suggests that all stand to considerably gain in these areas far beyond what they have achieved thus far. In spite of the occasional political squabbles between Jordan and Israel, and tension and punctuated violence between Israel and the Palestinians, their economic and commercial ties are steadily increasing and greatly contributing to the durability of their relationship. The immediate fruit of the Israel-Jordanian peace was financial; as a result of the 1994 treaty, the U.S. began foreign debt relief and restructuring arrangements totaling over $3 billion (Gal and Rock 2018). In the years since, Jordan and Israel have signed deals for natural gas and water, and Israel has allowed a significant increase of Jordanian exports to Palestinians in the West Bank. In addition, they have agreed on a gradual reduction of custom tariffs, and duties were abolished on a large number of products traded between them. Other than direct trade, Jordan serves as a bridge for Israel to the large market of the Gulf states and other large Arab countries. In addition, two trade deals signed between the two with Western powers—one with the U.S., another with the EU—allowed Jordan to benefit from Israel's preexisting agreements with both powers.

The environment has been another beneficiary of increased Jordanian-Israeli-Palestinian cooperation. A landmark agreement signed between the three parties and the World Bank in 2013 supported the management of limited water resources and the usage of desalinated water, which Israel is a leader in producing. In addition, all three governments agreed to collaborate on cleaning the Jordan River in 2015, knowing that only through cooperation can they serve their own interest, something that has become increasingly clear over the past decades (Ebrahim 2015).

Jordan is in need of investments in infrastructure, Israel wants to expand its regional legitimacy, and the Palestinians want political recognition. These kinds of projects and cooperation strongly suggest that the three countries can and indeed must work together and offer a joint, wide-ranging plan for a high level of cooperation, which is the essence of confederation.

THE ROLE OF KEY PLAYERS

Regardless of how logical and practical the above proposal might be, the difficulties that lay in the way of such a peace plan are how it can be implemented, who the main players are that must be involved in the process of implementation, and who must assume the leading role. Indeed, without pressure, persuasion, and inducements exerted by outside powers, as the past several decades have shown, the Israelis and the Palestinians are unable or unwilling to modify their positions dictated by the changing regional geopolitical environment and the conditions on the ground. For this reason, the U.S., Germany as the representative of the EU, and the Arab states represented by Saudi Arabia and Egypt in particular, must play an active role in changing the dynamic of the conflict, which will make the establishment of a confederation the most viable option.

The Role of the United States

The U.S. enjoys the greatest leverage on Israel, Jordan, and the Palestinians. The Biden administration is on record in support of the establishment of an independent Palestinian state, and commitment to Israel's national security. The creation of an Israeli-Palestinian-Jordanian confederation will not be inconsistent with the U.S.' long-standing position in support of establishing a Palestinian state and the independence of Israel and Jordan. Thus, the Biden administration should now spearhead this process by taking several critical steps, starting by undoing Trump's actions that marginalized the Palestinians.[12] In addition, the Biden administration should make public its support of a Palestinian state.

Moreover, given that the Biden administration is not inclined to dive into full-scale peace talks fearing, and for good reason, that the political climate both in Israel and among the Palestinians are not favorable for such peace negotiations, it should focus on the reconciliation process. This process would entail confidence-building measures between Israel and the Palestinians and alleviate over a period of 5 to 7 years the deeply-rooted distrust and hatred and create a new environment conducive to peace negotiations under the framework of a confederation.[13] This includes government-to-government and people-to-people interactions to foster trust and confidence that a better future for the Palestinians lays ahead.

Given that Biden is on record supporting the two-state solution, he can take immediately several unilateral measures to convey to Israel, the Palestinians, and Jordan where his administration stands. Although such measures will certainly be welcomed by the Palestinians, surely please the Jordanians, and may irk the Israelis, ultimately, they will serve the Israelis as much, if not more, than the Palestinians. These specific steps that Biden can unilaterally take will help lay the groundwork for a future substantive Israeli-Palestinian peace negotiation that could lead to a resolution of the conflict. In addition, restoring normal relations between the U.S. and the Palestinians will give the Palestinians a sense of validation that would in fact soften their position and better prepare them to enter into serious negotiations in the context of confederation.

Reestablish the PLO mission in D.C.

President Biden should allow the Palestinian Authority to reestablish its mission in D.C. This would immediately open a channel of communication which is central to the development of a dialogue between the U.S. and the PA. This will also send a clear signal to the Palestinians that the new administration is truly keen on turning

---

12   With the exception of the relocation of the American Embassy from Tel Aviv to Jerusalem.

13   Full details of the process of reconciliation can be found on page 46.

the page and starting a new dialogue without prejudices. The PLO mission in D.C. existed under several U.S. administrations before Trump came to power; reestablishing it at this juncture is a critical first step toward normalization of relations between the U.S. and Ramallah.

Reopen the American Consulate in Jerusalem

Reopening the American Consulate in Jerusalem, particularly reestablishing it in East Jerusalem, will send a message to the Palestinian Authority that the future of Jerusalem is yet to be settled, which is consistent with Trump's Peace to Prosperity plan that left the final borders of Jerusalem to be determined by agreement from both sides. Opening the consulate will allow ordinary Palestinians to meet face-to-face with Americans and instill some confidence among the Palestinian community that the U.S. will not abandon them or ignore their plight.

Continue Financial Aid

It was essential that the Biden administration restored financial aid to the Palestinians in April 2020, which had been suspended by Trump following his recognition of Jerusalem as Israel's capital. Given that aid has been abused in the past, however, it should have clear guidelines on its use, with monitoring from a U.S. observer to ensure that the money is spent on the programs and projects for which it is intended. The continuing financial aid will not only help the Palestinian Authority address its acute financial shortages but allow it to invest in some development projects that can provide jobs especially to the youth, of whom more than 30 percent are unemployed (Palestinian Bureau of Central Statistics 2020).

Prohibit Territorial Annexation and Settlement Expansion

Biden should make it clear to Bennett that Israel must not annex any Palestinian territories and must temporarily freeze the expansion of settlements. In addition, he should insist that Israel not legalize unauthorized settlements and refrain from evicting any Palestinians, especially from East Jerusalem. Taken together, Israel's adherence to these requirements will help foster a calm atmosphere between Israel, Jordan, and the Palestinians, which is critical to a process of reconciliation.

New Parliamentary and Presidential Elections

Given that no election has been held by the Palestinians in over 15 years, Biden should demand that the Palestinian Authority establish an iron clad date for general and presidential elections. The elections should be monitored by international observers to ensure that they are free and fair, and all those seeking high office must publicly disavow the use of violence for political gains, recognize Israel's right to exist, and commit themselves to accept the outcome of the elections. The Palestinians are in desperate need of new leadership untainted by corruption and not wedded to prior hard positions that left no room for compromises.

Biden can take the above modest measures to foster the Palestinians' trust in U,S, intentions, which certainly will help soften their position on various conflicting issues that have thus far stymied any progress in previous peace negotiations.

Biden's Requirements from the Palestinians

Biden should require the Palestinians to take numerous steps to demonstrate their commitment to a peaceful solution. This includes restating Israel's right to exist as an independent state, ending any and all forms of incitement against Israel, fully collaborating with Israel on all security matters, providing no protection to any violent Palestinian extremist, preventing any act of violence against Israelis in the West Bank, and ending any and all acrimonious public narratives against Israel.

Biden's Requirements from Israel

Regardless of how compliant the Palestinians might be in meeting Biden's demands, they will not advance the reconciliation process unless Israel also takes certain measures on which Biden must insist to contribute to the stabilization of the Israeli-Palestinian relationship. In particular, Biden should require Israel not to act in any manner that would justifiably provoke the Palestinians.

Israel must end the practice of evicting Palestinians from their homes in any part of the West Bank, especially from East Jerusalem. Eviction is perceived by Palestinians as an extremely egregious act that is intended to force the Palestinians out and replace them with Israeli Jews to change the demographic makeup of the city. Similarly, Biden should require Israel not to annex another inch of Palestinian land, as that likewise sends an ominous message that Israel is bent on preventing the Palestinians from having a contiguous landmass necessary for an independent state.

There are many other cruel practices that Biden must pressure Israel to end. This includes night raids that terrify the Palestinians, especially children, uprooting olive trees, freezing Israeli settlement growth, ending the legalization of illegal settlements, stopping house demolitions, limiting the incarceration period of Palestinians accused of violent acts to no more than a month without charges, reducing security checkpoints to allow the Palestinians freer movement, cracking down on violent settlers who indiscriminately attack Palestinian citizens, and gradually releasing Palestinian prisoners who have no blood on their hand. Finally, Israel must allow the Palestinians residing in East Jerusalem (who are not eligible to vote in Israeli national elections) to vote or be elected in any future Palestinian elections, a situation Israel has thus far refused to permit as allowing them to vote in Palestinian elections would be a tacit acknowledgement of Palestinian claims over East Jerusalem.

The above measures would help create a political horizon that gives the Palestinians hope that a better and brighter future is awaiting them and that they will eventually enjoy what Secretary of State Blinken promised in May 2021, "equal measures of freedom, security, prosperity, and democracy" (United States Department of State 2021). None of the above measures would in any way compromise Israel's national security, which the U.S. has time and again committed to safeguard under any circumstances.

As a president highly seasoned in international affairs, Biden understands the pitfalls of a long and protracted conflict. Ending the war in Afghanistan provided him a glaring and painful example of how much can go wrong, yet he was still right and courageous to finally end it. Biden is right not to push for the resumption of Israeli-Palestinian peace talks at this time, but he can demonstrate the same courage and leadership by changing the course of the conflict that will eventually lead to peaceful coexistence.

The Role of Germany

Among European Union members, Germany is in a unique position to facilitate the Israeli-Palestinian negotiating process and act along with Saudi Arabia as a monitor to the negotiations. Germany enjoys very good relations with both sides, and hence it can be of tremendous help in this regard. According to a study published in 2015 by Konrad Adenauer Stiftung, 68 percent of Israelis and 49 percent of Palestinians have a positive or a very positive image of Germany (*The Local* 12 Jan. 2015). Since then, Germany's image has even further improved, which makes it most acceptable by both sides as a facilitator in the negotiating process.

Germany is one of the leading European countries which has consistently supported the two-state solution and opposed further annexation of Palestinian land while maintaining *very close relations with Israel*. In a recent joint press conference with Israel's Prime Minister Bennett, German Chancellor Angela Merkel stated that "I think that on this point, even if at this stage it seems almost hopeless, the idea of a two-state solution should not be taken off the table, it should not be buried … and that the Palestinians should be able to live securely in a state" (Federman 2021). Germany's consistent position on the necessity of a two-state solution has not undermined in any way its exceptional relationship with Israel, which continues to further improve, and its unwavering support of Israel has given Berlin greater leeway to develop even closer relations with the Palestinians.

Germany has had and continues to have a "special historical responsibility for Israel's security." In her visit to Israel in October 2021, Merkel stated, as she has time and again: "I want to use this opportunity to emphasize that the topic of Israel's security will always be of central importance and a central topic of every German government" (Ayyub 2021). Although the other EU member states maintain good relations with Israel and are as a bloc its largest trading partner, Germany in particular has very special relations with Israel specifically in connection with Israel's national security, which was born out of Germany's historic moral obligations. In this regard, Germany is the second-most supportive foreign power of Israel, after the U.S. Among other security collaborations between the two states, Germany has built six nuclear-ready submarines for Israel through military contracts, the first two of which were donated by the German government (Lappin 2019).

The German-Israeli bilateral relationship has flourished over the past five decades and both countries continue to enjoy extensive collaboration in many areas. Scientific cooperation plays a special role between the two countries, which has become an important pillar of their political cooperation as well. The German Federal Ministry of Education and Research has been engaged in close collaboration with the Israeli Ministry for Science, Technology and Space on scores of projects including biotechnology, cancer research, and civil security research (Federal Ministry of Education and Research, n.d.). The fact that Israel has come to trust post-war Germany speaks volumes about the two countries' future collaboration and the important role Germany can play in facilitating Israeli-Palestinian peace talks.

The Palestinians also benefit from and appreciate Germany's political and financial support, investing millions of euros in the areas of health services and education. Germany continues to train the Palestinian police forces and engage in other security-related measures. The German-Palestinian development cooperation focuses on sustainable development projects and provides humanitarian assistance to the Palestinians, including for Palestinian refugees to improve their living condition. Moreover, Germany invests in education and professional training. Many German universities have established good relations with universities in the West Bank while working to advance cultural ties to further strengthen their bilateral relations. In recent months, Germany signed a $117 million cooperation agreement with the PA for investment in the areas under the PA's control

(*Jewish News Syndicate* 17 Sept. 2021).

Germany believes that any future negotiations to reach a peaceful agreement between Israel and the Palestinians must be based on international law and relevant UN resolutions. During his visit to the Middle East in June 2020, Germany's Foreign Minister Heiko Maas stated that "unilateral steps by either side will not bring us any closer" to a solution, and would bear "great, great potential for escalations" and further impact regional stability (*Times of Israel* 1 June 2020). He in fact simply restated what Chancellor Angela Merkel said in August 2019, that the two-state solution is the only way for both people "to live in peace and security" (*Times of Israel* 29 Aug. 2019). In this respect, Germany fully represents the EU position regarding the right of the Palestinians to statehood.

Notwithstanding the close Israeli-German relationship, Germany has remained consistent in its support of a two-state solution. In his meeting with then-Prime Minister Netanyahu in June 2020, Maas said in reference to Israel's then-planned annexation of 30 percent of the West Bank: "I reiterated … the German position and explained our serious and honest worries, as a very special friend of Israel, about the possible consequences of such a move," which has since been shelved as a result of normalization of relations between Israel and the UAE and Bahrain (Ahren 2020). Regardless of their divergent views about the framework of an Israeli-Palestinian peace, Israel considers Germany a trusted friend which takes its national security very seriously.

Thus, Germany's unshakable commitment to Israel's national security, its extensive collaboration on a plethora of scientific and security projects, and its continuing contribution to the wellbeing of Palestinians and their right to statehood places Germany in a unique position to play a constructive role in facilitating the prospective Israeli-Palestinian negotiations. Both Israel and the Palestinians know how important Germany's role can be. In general, it has a significant ability to galvanize European political support. Moreover, given that Germany is *the* economic powerhouse in Europe, it is in a position not only to contribute to the settlement of the Palestinians refugees but also to assume the responsibility of raising billions of dollars, especially from the EU, to that end. As a representative of the EU, Germany can also bring to bear the EU's overall extensive political and vast financial resources in support of a lasting agreement.

The Role of Saudi Arabia

Saudi Arabia's role in advancing an Israeli-Palestinian peace agreement in the context of confederation is more critical at this juncture than at any time before. Saudi Arabia has no conflict with Israel; in fact, it has extended conditional recognition of Israel as far back as 2002 when it introduced the Arab Peace Initiative (API). The API offered Israel normalization of relations with the Arab states in exchange for returning Palestinian land captured by Israel in the Six Day War of 1967 and settling the conflict with the Palestinians based on a two-state solution. As recently as 2018, Saudi Arabia Crown Prince Mohammed bin Salman stated that "I believe the Palestinians and the Israelis have the right to have their own land. But we have to have a peace agreement to assure the stability for everyone and to have normal relations" (*Reuters* 2 Apr. 2018).

Saudi Arabia's role in any future Israeli-Palestinian will be central for several reasons. Saudi Arabia is the birthplace of Islam and the site of its holiest shrines; it is fitting that Crown Prince Mohammed bin Salman noted "We have religious concerns about the fate of the holy mosque in Jerusalem and about the rights of the Palestinian people … we don't have any objection against any other people" (*Reuters* 2 Apr. 2018). Indeed, as the global leader of Sunni Islam, Saudi Arabia has intrinsic concerns over the future of Jerusalem, which is the home of the Sunni Muslims' third holiest shrines at Haram al-Sharif—the al-Aqsa Mosque and the Dome of Rock. In this regard, the Saudis feel strongly that East Jerusalem should be the capital of the Palestinians' future state. This position was the central issue that proved to be a sticking point, and it remains so in continuing backchannel dialogue between Saudis and Israelis.

Given the changing political and security dynamic in the region and the frustration with the never-ending Palestinian cause, the Saudis strongly feel that ending the Israeli-Palestinian conflict will alleviate some of the more pressing regional tensions. To that end, they have tacitly supported the UAE, Bahrain, Sudan, and Morocco in normalizing relations with Israel. By deciding to make their existing cooperation and relationship with Israel an open secret, they are indirectly increasing the pressure on the Palestinians to demonstrate more flexibility lest they be left to their own devices, which thus far has only undermined rather than enhanced their cause.

Ending the Israeli-Palestinian conflict would allow the Saudis to normalize relations with Israel, which will have many significant and positive regional implications from which Saudi Arabia can greatly benefit. From a national security perspective, the Saudis see eye-to-eye with Israel concerning Iran, as they view its growing influence in the region a threat to their national security. The Saudis acknowledge the Jewish state as the region's foremost military power, capable of halting Iran's hegemonial ambition—for example, by consistently attacking Iranian military installations in Syria to prevent Tehran from establishing a permanent foothold in the country, disrupting Iran's nuclear weapon program, and intercepting shipments of weapons to radical groups such as Hezbollah, Hamas, and Islamic Jihad, which reduces Iran's ability to destabilize the region.

In addition, the Saudis are also very much interested in Israel's advanced technology and can benefit from its impressive innovations in many fields, including medicine, agriculture, water security, cybersecurity, energy, desalination technology, and industrial developments. In fact, for the past several years, Israel and Saudi Arabia have been cooperating on a number of fronts, including in the transfer of Israeli technology, strategic coordination, and intelligence-sharing, the latter which goes back more than two decades (Salama 2017). And to further demonstrate their growing cooperation with Israel, following the Abraham Accords the Saudis are now allowing Israeli flights to use its air space for the first time.

Israel on the other hand strongly wants to normalize relations with Saudi Arabia because of its unique position and power in the Arab world and its ability to set trends for the Arab and broader Muslim world. As such, for Israel normalization with Saudi Arabia would also prompt normalization of relations with many other predominantly Muslim states far beyond the four of the Abraham Accords. In doing so, they open the door for Israel to discover the wide-ranging benefits normalization would bring, including trade, extensive security collaboration, and a host of other benefits including joint development projects. However, as long as the Israeli-Palestinian conflict remains unresolved, diplomatic relations between Israel and Saudi Arabia may well be years away. For this reason, as long as Saudi Arabia withholds its recognition, the pressure on Israel to resolve the conflict with the Palestinians will continue to mount.

Conversely, given Saudi Arabia's unique status, Riyadh can exert tremendous influence over the Palestinian Authority. The Saudis have been extremely disappointed with the PA, especially with President Abbas and his lieutenants whom they accuse of being corrupt, disloyal, and ungrateful for all the help that has been extended to them. Having been consistent however in their support of a Palestinian state, they can exert tremendous pressure on the PA, especially because Palestinian leaders badly need Saudi Arabia's political and financial support. As one case in point, given the fact that resettling and/or compensating the Palestinian refugees is central to ending the Israeli-Palestinian conflict, Saudi Arabia has the sway and the ability, above other Arab states, to contribute and raise billions of dollars from other Arab oil-producing countries to that end.

The fact that the Palestinian problem is also a subject of public discussions which Riyadh cannot ignore makes it much harder for the Saudi government to make public their growing closeness to Israel, let alone fully normalize relations. As such, they made it clear to the Israelis that unless Israel reaches a peace agreement with the Palestinians based on a two-state solution, Saudi Arabia will not normalize relations with the Jewish state as they see that as *a betrayal of their two decades-long advocacy.*

Finally, due to the fact that from their own vantage point both Israel and the Palestinians need Saudi Arabia, the Saudis can help facilitate the negotiating process and also monitor the Israeli-Palestinian talks to ensure that both sides negotiate in good faith. Indeed, in the context of confederation, which the Saudis may well strongly endorse because it meets their requirements, neither Israel nor the Palestinians can ignore the Saudi position, whose support they need under any circumstances.

The Role of Egypt

When Egypt and Israel signed a peace agreement in 1979, the two countries developed a good working relationship, which continued to improve and expand over the years albeit with little public exposure, especially because of the continuing Israeli-Palestinian conflict and the Egyptian public's support of the Palestinian cause. Egypt was the first Arab country to realize that Israel is a significant military power that it cannot defeat. Then-President Anwar Sadat decided that his country would benefit greatly from peace with Israel rather than maintaining a state of hostility. Sadat invited the Palestinians to join the peace negotiations with Israel but was rebuffed, and ever since, the Palestinians' conflict with Israel became ever more intractable with occasional periods of calm but without any progress on the peace front.

Egypt has had and continues to have national security concerns regarding Gaza, and since President Sisi came to power in 2013, the security cooperation between Israel and Egypt has accelerated, reaching an extraordinary level unseen before. Both countries share many common objectives, especially countering Islamic radicalism, containing Iran's regional influence, maintaining peace in the Sinai Peninsula, and countering Palestinian extremism in Gaza. Egypt views an Israeli-Palestinian peace as pivotal to regional stability and has often played an important role in mitigating conflicting issues between Israel and the Palestinians.

Egypt's relationship with Hamas was and still is adversarial at best, as Cairo views Hamas as an offshoot of the Muslim Brotherhood, which Sisi labeled a terrorist organization in 2013 (*BBC News* 25 Dec. 2013). Two years later Egypt classified Hamas—both its political and military wings—as a terrorist organization as well (albeit the designation was overturned by an Egyptian court months later) and restricted its movement from and to Gaza through the Rafah crossing, which is one of only two crossings for the Palestinians in Gaza to the outside world (*BBC News* 6 June 2015). That said, Egypt seeks to moderate Hamas's doctrine, knowing that it will remain on its borders for the foreseeable future and that Cairo must deal with the group in one form or another with an eye on maintaining a level of influence over Hamas and preventing an outbreak of hostilities to the extent possible between Israel and Hamas.

For these reasons, Egyptian security officials helped on multiple occasion to mediate between Israel and Hamas in order to defuse tension between the two sides, especially arranging for ceasefires following three wars between Israel and Hamas. Egypt understands, however, that Hamas is a significant player in the Palestinian polity and despite Cairo's animosity toward Hamas, it cannot be ignored. Egypt itself will garner considerable benefits once the Israeli-Hamas conflict comes to an end.

Thus, Egypt has a keen interest in ending the Israel-Palestinian conflict and can play a significant role in mediating efforts between Israel and Hamas. In a July 2021 meeting between Egypt Foreign Minister Sameh Shoukry and his Israeli counterpart Yair Lapid, Shoukry emphasized "the need to resolve the current stalemate between the Palestinian and Israeli sides, leading to just and comprehensive peace negotiations" (*Reuters* 11 July 2021). Indeed, Egypt sees itself as the guardian of the Palestinian cause because of its importance to the Egyptian public and the government itself, which wants to be viewed as a central player in mitigating the Israeli-Palestinian conflict or engaging in any future peace process.

Egypt's importance in helping forge an Israeli-Palestinian peace agreement cannot be overstated, especially if it includes Hamas. But for Egypt to play such an important role it must translate its influence into action. In this regard, it should make it abundantly clear to Hamas that if it wants to survive and flourish, its only option is to recognize Israel's right to exist and renounce violence altogether. Egypt's message to Israel is that it cannot wish Hamas away and its policy of "dividing and conquering" has proven to be counterproductive, as the continuing conflict with Hamas in particular has become increasingly obdurate, taxing Israel's security rather than enhancing it.

Egypt is in a perfect position to mediate a long-term Israeli-Hamas ceasefire (15 to 20 years), during which both sides will work on normalization of relations under a strict monitoring apparatus to ensure that Hamas does not violate the agreement by rearming and retraining to ready itself for the next round of fighting with Israel.

To be sure, the U.S., Germany, Saudi Arabia, and Egypt in particular can play a direct role in advancing the concept of confederation as all three countries are heavily vested in a solution to the Israeli-Palestinian conflict. All four countries would monitor and help facilitate the negotiations as well as the process of reconciliation, backed by financial support to ensure that there will be no lack of financial aid that could impede full implementation of a peace plan. Such a process for a period of 5–7 years is *absolutely essential* to pave the way for substantive good-faith negotiations that would follow.

THE PROCESS OF RECONCILIATION

Both Israel and the Palestinians must engage in a process of reconciliation, which will bring about a gradual end to the Israeli-Palestinian conflict. Indeed, given the fact that Israelis and Palestinians have been estranged from one another, especially since the Second Intifada in 2000, and are profoundly distrustful of one another, *a process of reconciliation through joint government-to-government and people-to-people activities is essential.* The process of reconciliation is extremely critical to the majority of Israelis who do not believe that the Palestinians will ever accept Israel as an independent state and agree to coexist with it peacefully. To be sure, a process of reconciliation will also allow for a critical psychological shift in the attitude toward each other, which is central to changing their political and ideological beliefs.

I maintain that this is the most critical aspect that will make or break the prospect of permanently ending the Israeli-Palestinian conflict based on a two-state solution under the umbrella of confederation. A process of reconciliation consisting of multiple activities that must run simultaneously is *central* in order to *gradually mitigate the deep animosity and distrust between the two sides* over time, which cannot simply be overcome at the negotiating table.

This approach is consistent with the decade-long advocacy work by the Alliance for Middle East Peace, an umbrella organization of over

100 groups working in both Israel and the Palestinian territories. In December 2020, the U.S. Congress approved a relief package of $250 million allocated for Israeli-Palestinian peacebuilding efforts specifically to expand people-to-people programs. Needless to say, this is an extremely important first step and it must be substantially expanded over time. In addition, although Prime Minister Bennett openly opposes the establishment of a Palestinian state, he believes that the burden of the occupation on the Palestinians should be eased because under any circumstances, mitigating the tension with the Palestinians will serve the interests of both sides, even though they still disagree on the ultimate outcome. Any effort to reconcile between two adversaries could change the dynamic of the conflict, and this is where the U.S., the EU led by Germany, and the Arab States led by Saudi Arabia can steer the process toward a two-state solution. The parties involved must insist on the following measures.

Government-to-government Measures

i) Halting the mutually acrimonious public narrative: Israeli and Palestinian leaders must stop their acrimonious public narratives against each other. This is perhaps the most critical point that must be addressed. Rather than preparing the public for the inevitability of peace and engaging in constructive public dialogue, they have been poisoning the political atmosphere and setting one side against the other, creating the perception that peace is an illusion and that the differences between them are simply irreconcilable. The promulgation of such charges and countercharges adversely impacts the general mindsets of their respective publics and creates the perception among young and old alike that peaceful coexistence is impossible. Reconciliation must begin first by changing the public narrative, which connotes a process of mutual acceptance between ordinary Israelis and Palestinians and at the highest level.

ii) Establishing an Economic Relationship: Developing a strong economic relationship between Israel and the Palestinians is central because without it, no process of reconciliation will work. Other than trade between the two sides, Israeli investors should be encouraged to invest in various business enterprises in the future Palestinian state, which would provide a significant amount of employment for

Palestinians, who have among the highest unemployment rates in the world.[14] Israel can also help the Palestinians create and manage large projects, for example in housing, healthcare centers, schools, and infrastructure, as well as sustainable development projects. Economic exchanges, investment, and development will foster a very close relationship between the two sides, and the benefits can be reaped within a relatively short period of time. Neither side, especially the Palestinians, would want to risk losing such tangible benefits after such an exchange is developed from which they greatly benefit.

iii) Modifying School Textbooks: It is necessary for both sides to modify school textbooks to reflect an objectively more accurate and less biased historic account throughout their educational institutions. This is particularly a sore point for the Israelis, as the Palestinians' history books refer to Israel only as an occupying power. The 1967 borders are not delineated in geography books, and on Palestinian maps the state of Palestine covers what is currently Israel, the West Bank, and Gaza. Although a few years ago Israel modified some of its textbooks, current textbooks deny Israel's role in precipitating the Palestinian refugee problem and disseminate other inaccurate historic accounts. The contextual environment in schools and all institutions and any social settings in which they come in contact can significantly reinforce the fact that their coexistence is irreversible.

iv) Developing Integrated Schools: Educational divisions have a long-lasting impact on students of every background, both socially and educationally—the budget for the average Jewish student is 78 to 88 percent higher than for an Arab student, and Arabs go on to be underrepresented in universities (Schwartz 2016). In Israel itself, rarely do Jewish and Arab students attend the same schools, which would otherwise be the ideal place for children of different backgrounds to meet and interact with each other and learn that they are not enemies but neighbors. Integrated schools, like Hagar and Hand in Hand, are essential in fostering ideas and positive attitudes toward coexistence from a young age and should be expanded upon in Israel proper. These schools teach classes bilingually, in both Arabic and

---

14 Total Palestinian unemployment as of 2019 is 25.3 percent—14.6 percent in the West Bank and a staggering 45.2 percent in Gaza, with women and youth bearing the greatest burden in both areas (International Labour Organization 2020).

Hebrew, which is critical as language is the first step in creating a shared understanding.

While this does not address the need for Palestinian children in the West Bank and Gaza to meet and interact with their Israeli counterparts, the expansion of such schools will build understanding among Israelis of every background, and could be expanded under conditions of peace to areas in the West Bank where settlers live side-by-side Palestinians. Even in segregated schools, understanding can be expanded upon. In both Israeli and Palestinian schools, language learning should be compulsory—Arabic for Israeli students, and Hebrew for Palestinian students. Language is more than a means by which to communicate; it represents an entire culture. Indeed, even Hamas recognizes that learning Hebrew is essential to "understanding the enemy," and has expanded Hebrew-language classes for Gazan children (Al-Mughrabi 2013).

v) Taking No Provocative Action: The U.S. should insist that the PA not go to the International Criminal Court (ICC) to charge Israel with crimes against humanity or seek further UNSC resolutions, be that against the settlements or in favor of recognition. Such a step would have little, if any, practical effect on Israel and it would only enrage the Israelis as they see it as a form of incitement, which will only further harden their position. Moreover, the mere threat of seeking justice through the ICC will also send the wrong message to the Palestinian public at large that relations with Israel are worsening rather than improving, which will have an adverse psychological effect and make reconciliation ever more difficult.

In return, the U.S. should lean heavily on Israel to take a number of conciliatory measures to demonstrate its willingness to work with the Palestinians in order to create a more positive atmosphere on which to build mutual trust. First, Israel could release over a period of a few months hundreds of Palestinian prisoners who are in prison for non-violent crimes. Second, Israel can facilitate the issuance of building permits to the Palestinians to provide them with the sense that they are free to strike deep roots in their future state. Third, Israel must stop the practice of night raids, except under special circumstances and only *with the presence of the Palestinians' own internal security*. Fourth, restrictions over the movement of Palestinians within the West Bank should be eased to signal to ordinary Palestinians that an end to the occupation is in the offing, and demonstrate what peace could usher in once both sides come to terms with one another. Finally, in return for the Palestinians ending their campaign to bring charges against Israel at the ICC, Israel must stop any settlement expansion beyond the areas denoted earlier, which are envisioned to be part of a potential land swap.

vi) Maintaining Security Cooperation: Israel should not only continue to work together with the Palestinians' internal security service, but further augment future cooperation on all security matters. This will help solidify the overall security situation and pave the way for even more extensive joint operations following the establishment of a Palestinian state. It should be noted that some current and future violent clashes will be unavoidable and are likely to further intensify as long as the Palestinians see no hope for a better future and the Israelis continue to feel vulnerable about their national security. Alleviating that sense of concern both psychologically and practically has been and remains central to successful peace talks.

The U.S. must insist that both sides refrain from using violence and embrace the late Yitzhak Rabin's mantra: "Fight terrorism as if there is no peace process; pursue peace as if there is no terrorism." Unfortunately, both sides have historically resorted to violence as the first choice rather than as a last resort. This approach has proven its futility over time as 73 years later, little or no improvement has been made in the way they perceive and treat each other. There will always be certain elements on both sides who are determined to destroy any prospect for peace, either because of their deep, ideologically uncompromising bent, or because they have and continue to benefit financially from the continuing conflict. In the context of the overall Israeli-Palestinian conflict, fortunately, these groups are marginal and will not succeed in undermining the peace process. Only a united front from within both camps will blunt the efforts by violent extremists to sabotage the negotiations.

vii) Establishing Healthcare Institutions: Being that Israel is one of the leading countries in the area of healthcare and medical breakthroughs, it can certainly aid the Palestinians in building clinics and hospitals in the Palestinian state while providing medical training to hundreds of Palestinians. This includes doctors, nurses, and medical technicians. In addition, the Israeli government can facilitate access to Israeli hospitals for Palestinians who need advanced treatment not currently available in Palestinian hospitals. Given that healthcare affects everyone in one form or another, Israel's regular assistance to the Palestinians in this crucial area will go a long way toward reconciliation and strongly mitigate the distrust between the two sides.

viii) Housing Projects: Before any other steps, Israel's past policy of not issuing building permits for Palestinians in Area C and East Jerusalem must end immediately. Even when permits have been announced, such as the approval of 700 permits in 2019, they are rarely issued in reality (Magid 2020). Israel can aid the Palestinian government in meeting the growing demand for housing, especially for Palestinian refugees who choose to relocate from refugee camps outside Palestine to the West Bank and internally displaced Palestinians who need to resettle in new communities. Israel can help the Palestinian government build new communities using prefabricated housing within months. In addition, as a gesture of goodwill, if and when Israeli settlers from small settlements are relocated, Israel can turn over housing in those areas to Palestinians by agreement between the two sides.

People-to-people Measures

As the above measures are taken, people-to-people interaction becomes a natural process conducted in a constantly improving atmosphere. The following measures that are being pursued today on a small scale need to be employed much more widely in a cohesive and consistent manner to create a new political and social environment that would support the negotiating process. The Israelis and the Palestinians must be challenged and pressured to implement them if they are truthfully seeking to end the conflict.

i) Mutual Visitation: The Israeli government and the Palestinian Authority must agree to allow mutual visitation. Concerns over security can certainly be adequately addressed; Israel is in a perfect position to institute background checks in advance, along the lines of security procedures in airports, to prevent the infiltration of Islamic radicals and weapons. It is hard to exaggerate the value of such visits when ordinary Israelis and Palestinians meet in their respective places of residence to share experiences and understand each other's grievances and concerns, as many have often discovered that their shared interests and aspirations are far greater than their differences.

ii) **Women's activism**: Activism by Israeli and Palestinian women can be a very important part of the reconciliation process. Israeli and Palestinian women should use their formidable power to demand that their respective leaders end the conflict. Women have far greater sway than men if they join forces, engage in peaceful demonstrations, and remain consistent with the message to cease all forms of violence. The role of women in ending the conflict in Northern Ireland and throughout the wars in the Balkans offers a vivid picture of how women can impact the course of events.

iii) **Joint Sporting Events**: Sports are an incredibly useful tool in building camaraderie and friendship between the two sides, whether competing against each other or as part of a joint team. Israeli and Palestinian football, basketball, and other sports teams can meet alternately in Israel and Palestine to train, compete, and develop personal relationships. Joint Israeli-Palestinian teams, such as existing youth teams in basketball and football, create an environment in which children from both backgrounds learn to work together toward a common goal. For girls especially, this can create an environment where girls of all religious backgrounds can be free and comfortable, even in a cross-cultural environment. This type of activity allows them to have a much better sense of who the other is. They begin to view one another as ordinary individuals who cheer the generous spirit of the game that they are playing together, *where the victory is the game itself, not the final score.*

iv) **Student Interaction**: Palestinian and Israeli students (from primary school through university) should connect and mingle with one another and talk about their aspirations and hopes for the future. No Israeli or Palestinian child should continue to be fed poisonous ideas that the other is a mortal foe or anything less than human. A Palestinian youth should not view every Israeli as a soldier with a gun, and conversely no Israeli youth should view every Palestinian as a terrorist. On the contrary, Israeli and Palestinian youth should be taught that they are destined to peacefully coexist and be encouraged to use social media to communicate with each other, as the future rests in their hands.

v) Art Exhibitions: There are scores of Israeli and Palestinian artists who have never met or delved into each other's feelings and mindset to see how their works reflect their lives. Joint exhibitions should take place both in Israel and Palestine, touring several cities to allow people young and old to see and feel what the other is trying to express. These cultural exchanges can expand to include music festivals, theater performances, and other forms of art.

vi) Public Discourse: Universities, think tanks, and other learning institutions should organize roundtable discussions. The participants should consist of qualified Israelis and Palestinians with varied academic and personal experiences who enjoy respect in their field, are independent thinkers, *hold no formal position* in their respective governments, and have thorough knowledge of the conflicting issues. For example, they can discuss how both sides can remove the barriers to make coexistence not only inevitable but desirable. These roundtable discussions should include other topics related to regional and international issues, in order to learn from each other's perspectives on how to assess a certain conflict or a dispute between other nations. Such small enclaves can be disseminated online to millions of people, including Israelis and Palestinians, instantly.

vii) Interfaith Gatherings: Given the fact that Jerusalem is at the heart of the three Abrahamic religions, arranging interfaith discussions consisting of religious scholars, imams, rabbis, and priests is critical. The participants can address issues of concern and interest to the three religions. For example, in addressing the future of Jerusalem, even though Jerusalem may well become the capital of two states, debating other possibilities is critical if for no other reason but to demonstrate why other options may not work. These gatherings can extend beyond scholarly discussions as well. Religious leaders such as rabbis and imams can organize interfaith Seders and iftars, where community members of every religion can come together and learn about each other's religion in an atmosphere of celebration, not tension.

viii) Business Partnerships: Business partnerships between Israelis and Palestinians will go a long way not only to foster economic relations in which both sides have a vested financial interest which they want to succeed, but also nurture close personal relationships and trust. Such partnerships, which almost always require many employees, will also allow for Israeli and Palestinian employees to work together and take pride in their joint endeavor. For example, Israeli construction companies could partner with their Palestinian counterparts to undertake large joint projects, building infrastructure such as roads, bridges, and hospitals, among other projects.

ix) The Role of the Media: Instead of focusing almost solely on violence and acrimonious charges and counter-charges which make headlines, Israeli and Palestinian media should also be encouraged to report on positive developments between the two sides to inform the people that the bilateral relations are not all discouraging. For example, they can discuss ongoing trade, security, and health care cooperation, Palestinians studying in Israeli universities, et cetera. In this sense, the media should play a critical role and assume some responsibility in disseminating timely information about the need for public-to-public interactions. The media should publicize these events as they occur, and columnists and commentators should encourage more such activities. Moreover, Palestinian journalists should be free to report from Israel, and their Israeli counterparts should also be welcome to report from the Palestinian state. In addition, television and radio stations should invite Israelis and Palestinians to publicly discuss issues of concern and interest to both sides, in a series of town hall-style discussions. Finally, the media can play a pivotal role in shaping bilateral Israeli-Palestinian relations, emphasizing the fact that there are two peoples who will be living indefinitely side-by-side, and that cooperation between them is imperative to their welfare and future well-being.

The failure of both sides to agree in the past to establish and be governed by the above rules of engagement clearly suggests that neither side negotiated in good faith. All influential powers—specifically the Biden administration with the strong support of Germany, Saudi Arabia and Egypt—must use their weight and influence to the maximum extent that Israelis and Palestinians accept the above rules if they want to achieve peace. Otherwise, any new peace talks will be nothing but an exercise in futility.

CONCLUSION

The establishment of an Israeli-Palestinian-Jordanian confederation can fully satisfy the national aspirations of all peoples in the three countries. Israel will be able to secure and sustain the Jewish national identity of the state and its democracy, as well as its national security concerns. At the same time, Israel will maintain full control over Jewish holy shrines and together with the Jordanians and Palestinians ensure the security of the Temple Mount while Jerusalem remains an open city. Under the canopy of confederation, the Palestinians will be able to establish a free and independent state of their own and live in peace and security alongside the Israelis.

An Israeli-Palestinian peace that will lead to confederation with Jordan will not only resolve perhaps the most debilitating conflict since World War II, it will also have far-reaching regional ramifications. It will stop Iran and extremist groups from exploiting the conflict, which they have been using as a rallying cry against Israel. An Israeli-Palestinian peace will also impede Turkish President Erdogan's ambition to exert undue influence in the region as he aspires to make Turkey the region's hegemon and the leader of the Sunni Islamic world. Finally, an Israeli-Palestinian peace will allow for the *creation of a peaceful crescent* that will include the six Gulf states, Jordan, Palestine, Israel, and Egypt, extending from the Gulf to the Mediterranean. This may well open the door for the U.S. to extend a security umbrella to all these countries, which will drastically disabuse Iran and Turkey of their regional ambitions.

To be sure, Israelis and Palestinians must remember that they have been fated to coexist, either in a state of constant enmity and conflict, or as neighbors living in peace and security that can prosper together. They must now choose one way or the other as neither side can concoct any other sustainable alternative, as the past 73 years have demonstrably shown. Indeed, there is nothing that either side can do to change the reality on the ground. The interspersement of their populations, the impossibility of building hard borders, the significance of Jerusalem, and their national security all require them to fully collaborate, along with Jordan, to realize the concept of a confederation, while safeguarding their independence and the territorial integrity of their respective states.

References

Abu Toameh, Khaled. 2020. "Number of Jews and Palestinians will be equal at end of 2022." *The Jerusalem Post*, December 31, 2020. https://www.jpost.com/arab-israeli-conflict/number-of-jews-and-palestinians-will-be-equal-at-end-of-2022-653884.

Aftandilian, Gregory. 2020. "Jordan and Trump's Peace Plan." Arab Center, Washington, D.C., March 24, 2020. https://arabcenterdc.org/resource/jordan-and-trumps-peace-plan/.

Ahren, Raphael. 2020. "In Israel, German FM calls annexation illegal, but doesn't threaten sanctions." *The Times of Israel*, June 10, 2020. https://www.timesofisrael.com/in-israel-german-fm-calls-annexation-illegal-but-doesnt-threaten-sanctions/.

Al-Mughrabi, Nidal. 2013. "Hamas plans more 'enemy language' Hebrew in Gaza schools." *Reuters*, January 30, 2013. https://www.reuters.com/article/us-palestinians-israel-hebrew/hamas-plans-more-enemy-language-hebrew-in-gaza-schools-idUSBRE90U02C20130131.

Arieli, Shaul and Nimrod Novik. 2018. "In West Bank reality, annexation is a pipedream." *Times of Israel*, March 4, 2018. https://www.timesofisrael.com/in-west-bank-reality-annexation-is-a-pipedream/.

Arlosoroff, Meirav. 2021. "Israel's Population Is Growing at a Dizzying Rate. Is It Up for the Challenge?" *Haaretz*, January

4, 2021. https://www.haaretz.com/israel-news/.premium.MAGAZINE-israel-s-population-is-growing-at-a-dizzying-rate-is-it-up-for-the-challenge-1.9410043.

Ayyub, Rami. 2021. "Merkel honours Holocaust victims, vows German commitment to Israel." *Reuters*, October 10, 2021. https://www.reuters.com/world/germanys-merkel-kicks-off-final-official-visit-israel-2021-10-10/.

BBC News. 2015. "Egypt court overturns Hamas terror blacklisting." June 6, 2015. https://www.bbc.com/news/world-middle-east-33034249.

BBC News. 2013. "Egypt's Muslim Brotherhood declared 'terrorist group.'" December 25, 2013. https://www.bbc.com/news/world-middle-east-25515932.

Breitman, Kendall. 2015. "Netanyahu: No Palestinian state on my watch." *Politico*. March 16, 2015. https://www.politico.com/story/2015/03/benjamin-netanyahu-palestine-116103.

Ebrahim, Zofeen. 2015. "Israel, Jordan and Palestine pledge to clean up Jordan River." *The Third Pole*, August 11, 2015. https://www.thethirdpole.net/en/regional-cooperation/clean-up-jordan-river/.

Federal Ministry of Education and Research. n.d. "Israel." Accessed July 30, 2021. https://www.bmbf.de/bmbf/en/international-affairs/worldwide-networking/israel/israel.html.

Federman, Josef. 2021. "Merkel and Israel's Bennett differ on Iran, Palestinians." *Associated Press*, October 10, 2021. https://apnews.com/article/donald-trump-naftali-bennett-iran-europe-germany-dd9af805dc33a4e6c603cd24504879a6.

Gal, Yitzhak and Bader Rock. 2018. "Israeli-Jordanian Trade: In-Depth Analysis." Tony Blair Institute for Global Change, October 17, 2018. https://institute.global/advisory/israeli-jordanian-trade-depth-analysis.

International Labour Organization. 2020. "The situation of workers of the occupied Arab territories." 2020. https://www.ilo.org/wcmsp5/groups/public/---ed_norm/---relconf/documents/meetingdocument/wcms_745966.pdf.

Jewish News Syndicate. 2021. "Germany, Palestinian Authority sign $117 million cooperation agreement." September 17, 2021. https://www.jns.org/germany-palestinian-authority-sign-117-million-cooperation-agreement/.

Kampeas, Ron. 2021. "Bennett: Israel won't annex territory or establish Palestinian state on my watch." *Times of Israel,* August25,2021.https://www.timesofisrael.com/bennett-israel-wont-annex-territory-or-establish-palestinian-state-on-my-watch/.

Korach, Michal and Maya Choshen. 2018. "Jerusalem Facts and Trends." Jerusalem Institute for Policy Research Publication no. 485, 2018. https://jerusaleminstitute.org.il/wp-content/uploads/2019/06/PUB_%D7%A2%D7%9C-%D7%A0%D7%AA%D7%95%D7%A0%D7%99%D7%99%D7%9A-%D7%90%D7%A0%D7%92%D7%9C%D7%99%D7%AA-2018-%D7%93%D7%99%D7%92%D7%99%D7%98%D7%9C-%D7%A1%D7%95%D7%A4%D7%99_eng.pdf.

Lappin, Yaakov. 2019. "Germany's role in the Israeli Navy's developing submarine fleet." *South Florida Sun-Sentinel*, January 3, 2019. https://www.sun-sentinel.com/florida-jewish-journal/fl-jj-germany-israel-navy-submarine-fleet-20190109-story.html.

Lasensky. Scott B. 2003. "How to Help Palestinian Refugees Today." *Jerusalem Center for Public Affairs*, February 2, 2003. https://www.jcpa.org/jl/vp491.htm.

Lazaroff, Tovah. 2020. "Bennett: Area C of West Bank belongs to us, we're waging a battle for it." *Jerusalem Post*, January 8, 2020. https://www.jpost.com/israel-news/bennett-gov-poli

cy-is-that-area-c-belongs-to-israel-613543.

The Local. 2015. "Israelis and Palestinians both love Germany." January 12, 2015. https://www.thelocal.de/20150112/israe lis-and-palestinians-a-positive-view-of-germany/.

Magid. Aaron. 2021. "Israel and Jordan's Relationship Is Better Than It Looks." *Foreign Policy*, July 29, 2021. https:// foreignpolicy.com/2021/07/29/israel-jordan-palestine-ben nett-netanyahu-abdullah-cold-peace/.

Magid, Jacob. 2020. "11 months after announcement, Israeli build- ing permits for Palestinians stalled." *Times of Israel*, June 24, 2020. https://www.timesofisrael.com/11-months-after -announcement-israeli-building-permits-for-palestin ians-stalled/.

Palestinian Bureau of Central Statistics. 2020. "On the occasion of the International Youth Day, the Palestinian Central Bureau of Statistics (PCBS) issues a press release demonstrating the situation of youth in the Palestinian society." Decem- ber 8, 2020. https://www.pcbs.gov.ps/site/512/default.aspx ?lang=en&ItemID=3787.

Palestinian Center for Policy and Survey Research. 2018. "Poll Sum- mary: Palestinian-Israeli Pulse." August 13, 2018. https:// www.pcpsr.org/en/node/731.

Palestinian Center for Policy and Survey Research. 2003. "Results of PSR Refugees' Polls in the West Bank/Gaza Strip, Jor- dan and Lebanon on Refugees' Preferences and Behavior in a Palestinian-Israeli Permanent Refugee Agreement." Janu- ary-June 2003. https://www.pcpsr.org/en/node/493.

Reuters. 2021. "Egypt's foreign minister meets Israeli counterpart in Brussels." July 11, 2021. https://www.reuters.com/world/ middle-east/egypts-foreign-minister-meets-israeli-counter part-brussels-2021-07-11/.

Reuters. 2018. "Saudi crown prince says Israelis have right to their own land." April 2, 2018. https://www.reuters.com/article/us-saudi-prince-israel/saudi-crown-prince-says-israelis-have-right-to-their-own-land-idUSKCN1H91SQ.

Rudoren, Jodi. 2014. "Palestinian Leader Seeks NATO Force in Future State." *The New York Times*, February 2, 2014. https://www.nytimes.com/2014/02/03/world/middleeast/palestinian-leader-seeks-nato-force-in-future-state.html.

Salama, Vivian. 2017. "'An open secret': Saudi Arabia and Israel get cozy." *NBC News*, November 15, 2017. https://www.nbcnews.com/news/mideast/open-secret-saudi-arabia-israel-get-cozy-n821136.

Schwartz, Yardena. 2016. "The Two-School Solution." *Foreign Policy*, May 18, 2016. https://foreignpolicy.com/2016/05/18/the-two-school-solution-israeli-arab-children-education-integration/.

The Times of Israel. 2020. "In Jordan, German foreign minister agrees preventing annexation a 'priority.'" June 1, 2020. https://www.timesofisrael.com/in-jordan-german-foreign-minister-agrees-preventing-annexation-a-priority/.

The Times of Israel. 2019. "Merkel backs two-state solution in meeting with Abbas." 29 Aug. 2019. https://www.timesofisrael.com/merkel-backs-two-state-solution-in-meeting-with-abbas/.

Trump, Donald J. 2017. "Statement by President Trump on Jerusalem." December 6, 2017. https://trumpwhitehouse.archives.gov/briefings-statements/statement-president-trump-jerusalem/.

United States Department of State. 2021. "Secretary Blinken's Call with Israeli Prime Minister Netanyahu." May 12, 2021. https://www.state.gov/secretary-blinkens-call-with-israeli-prime-minister-netanyahu/.

INTRODUCTION TO THE SPECIAL ISSUE:
CONTINUED ISRAELI OCCUPATION IS A TICKING TIME BOMB

If you will it, it is not a dream.
Theodor Herzl (1902), *The Old New Land*

During the Middle East Dialogue conference held in March 2022 by the Policy Studies Organization in Washington, D.C., I presented a major peace proposal that would, if implemented, end the Israeli-Palestinian conflict through the formation of an Israeli-Palestinian-Jordanian confederation. The reaction to the proposal by the attendees was very positive. Upon thorough review and in conjunction with the conference, *World Affairs* published the proposal in its entirety in the same month (Ben-Meir 2022). Given the paper's importance to Israelis and Palestinians and its far-reaching regional implications, *World Affairs* offered to publish this special issue which contains analysis and constructive criticism of the proposed plan by experts with firsthand knowledge of the Israeli-Palestinian conflict.

To that end, I invited nine outstanding individuals—among them academics, former diplomats, and practitioners of conflict resolution—to provide their analysis of the proposal. This special issue of *World Affairs* encompasses their constructive commentaries which shed further light on the significance of the proposal while also providing very cogent observations about its essence and how it can be further augmented. Needless to say, some have also rightfully expressed reservations about certain aspects of the proposal, specifically arguing that the time is not congenial or optimal for a new peace initiative. On the whole, though, all agree that, after 73 years of stalemate punctured by wars and often extreme violence, the time is overdue for new approaches to change the dynamic of the conflict, which is becoming increasingly intractable and potentially explosive. One such approach is to begin exploring the potential for an Israeli-Palestinian-Jordanian confederation, which is the core of my proposal and if it is pursued aggressively, it may well lead over time to a comprehensive and sustainable solution to the conflict.

I will remain forever indebted to Emma Norman, Editor-in-Chief of *World Affairs*, for her idea to publish this special edition and curate different viewpoints to weigh in on the confederation's merits, and for her staunch encouragement in promulgating the proposal through this journal and in many other venues. I also am very grateful to Daniel Gutierrez-Sandoval, Executive Director of the Policy Studies Organization, for his invaluable assistance throughout the process and to Paul Rich, President of the Policy Studies Organization, to whom I owe my deepest and heartfelt gratitude for his unwavering support of every project I undertook to advance Israeli-Palestinian peace throughout many years of treasured friendship and collaboration. I also want to thank my three outstanding assistants, Arbana Xharra, Kimberlee Hurley, and Sam Ben-Meir for their invaluable help in making this project a reality.

I feel honored by, and deeply appreciative of, the nine uniquely qualified contributors from Israel, Palestine, Jordan, and the United States who made this project possible. I am extremely grateful to each one of them for the invaluable insight and expertise they have contributed to this discussion, not to speak of the time, energy, and effort they have dedicated to the cause of Israeli-Palestinian peace. Collectively, they further galvanized the discussion about several core issues that have plagued the Israelis and the Palestinians for more than seven decades, while providing additional insight regarding the complexity of the conflict and how that might be mitigated to bring about a sustainable Israeli-Palestinian peace.

Alon Liel is a political analyst, and former diplomat who has lived and breathed the Israeli-Palestinian conflict for all his adult life. He is among those Israelis who feel that the injustice done to the Palestinians is endangering Israel's future. He remains unequivocal in his contention that the Palestinians have an inherent right to self-determination and to the fulfilment of their human and national rights. Israel should not, under any circumstances, stop striving for peace, and now, when Israel has achieved a meaningful regional and international status, is the correct time for a generous Israeli offer to repair the grave damage wreaked upon the Palestinians and heal the wounds inflicted by decades of occupation.

As an academic, **Mohammed Abu-Nimer** is one of the most nuanced intellectuals to view the Israeli-Palestinian conflict from the prism of the injustice that has been inflicted on the Palestinians. With his extensive applied experience in conflict resolution and dialogue, Dr. Abu- Nimer fully appreciates the power dynamics of deep rooted and intractable conflicts, especially the role of the psychological and emotional dimensions of the conflict, the importance of which are central to finding a lasting solution. He brings an invaluable perspective on the Palestinians' inalienable right to an independent state as a prerequisite to finding a sustainable peace.

Paul Scham is an American academic who has been teaching and writing about the Israeli-Palestinian conflict for over 30 years. For him, it is a disaster that the occupation and the plight of the Palestinians has now become so routinized that it is easy for most Israelis to pretend it does not even exist. He believes that only a solution that respects the national aspirations of both peoples and takes into full account their respective historic and religious attachment to the whole land of Palestine/Israel can bring peace, under the umbrella of a confederated solution.

Majeda Omar is a scholar who has had daily experience with Palestinians in and outside Jordan. For good reason she empathizes with the Palestinians and feels strongly that the time is overdue to end their suffering not only because it is the right thing to do but also because no peace between Israel and the Palestinians will come to pass unless the Israeli occupation ends and the Palestinians establish their own state. For Dr. Omar, rendering justice to the Palestinians is the key to changing the dynamic of the conflict that will allow both sides to live in peace and harmony.

Daniel Bar-Tal is one of Israel's foremost political psychologists who teaches and writes extensively on the psychological dimension of the Israeli-Palestinian conflict. He rightfully believes that one of the main obstacles to finding a lasting solution is that neither side has attempted in earnest to mitigate the psychological aspect of the conflict. He maintains that unless both sides make a supreme effort to understand each other's mindset, which has been formed through decades of distorted historical narrative, violent conflicts, and continuing occupation, the search for a peaceful solution remains elusive at best. He contends that the present international climate, the tremendous asymmetry of the conflict, and especially the views of the Israeli Jewish leaders and population are highly unfavorable to the peaceful solution of the Israeli-Palestinian conflict.

Issa Saras has lived and experienced the realities of life in Palestine, facing the impact of the Israeli occupation, the difficulties under Palestinian Authority rule, and the shortcomings of Western intervention. He helped in setting up the first infrastructure of the internet in Palestine, thus facilitating communication and networking between Palestinian NGOs and individuals, including Israelis. He offers his insights on how Palestinians are caught between the Israeli occupation and the PA's endemic corruption, without any apparent road for peace. He maintains that the Palestinian public, left to its own devices, is losing hope and inadvertently gravitating toward extremism, which further compounds the severity of the conflict.

Tsvi Bisk is a futurist who has advocated for a two-state solution as the ideal option to end the Israeli-Palestinian conflict and thought deeply about what this will involve and ultimately require—including significant interim agreements as part of a long-term grand strategy. Moreover, he believes that the real threat to Israel's long-term survival comes from the social, political, and economic schisms of Israeli society, and argues that a solution to the Israeli-Palestinian conflict will allow Israel to focus on the "enemy from within," the overcoming of which is central to its very survival.

Nabil Kukali's life-long experience as a pollster has involved regularly gauging the pulse of the Israeli-Palestinian conflict, where he has learned firsthand the prevailing sentiments of the Palestinians in relation to Israel and the potential dire consequences of the continuing occupation. He is highly esteemed and respected in the field of polling, not only on the regional level but also in the international arena. His understanding of the Israeli mindset provides an extra measure of quality to his thorough grasp as to what it might take to bring about a dignified solution to the Israeli-Palestinian conflict, especially because co-existence is a reality that neither side can change.

Hillel Schenker is one of the keenest observers of the Israeli-Palestinian conflict, who has dedicated nearly three decades to the search for an equitable peace between the two parties. As the co-editor of the Palestine-Israel Journal, he has made a significant contribution to understanding the deeply disturbing impact of the Israeli occupation on both sides and why it must end based on a two-state solution. He believes that both the Jews and the Palestinians have the mutual right to national self-determination, and that the Palestinians have an inherent right to a state of their own, which is a prerequisite to ending Israel's moral corrosion caused by the occupation while making the country more secure and at peace.

The Basis for Confederation

The thrust of my proposal to end the Palestinian-Israeli conflict in the context of establishing an Israeli-Palestinian-Jordanian confederation is premised on several facts and varied in several aspects from other proposals on the establishment of an Israeli-Palestinian confederation that have been promoted over the past two decades. I here summarize the main points of the earlier full proposal (Ben-Meir 2022) before moving on to related questions.

First, since the beginning of the Israeli occupation of the West Bank and Gaza over 55 years ago, many new facts were created on the ground that are not subject to change short of catastrophic events: in particular, the interspersing of the Israelis and Palestinians residing in the West Bank, Jerusalem, and in Israel proper who cannot be separated; the Israeli settlements in the West Bank, the majority of which will have to remain in place; the intertwined national security of Israelis and Palestinians; and the daunting number of Palestinian refugees which has made the right of return a non-starter and whose demands can only be addressed through resettlement and/or compensation.

Second, irrespective of the many changing realities on the ground as stated above, along with the shifting political winds over the past seven decades and the recurrent violence between Israel and the Palestinians, the prerequisite of establishing an independent Palestinian state based on a two-state solution remains central to reaching a peace agreement. However, due to the intertwined security and economic relations, and their mutual historic and religious affinity to the land and especially to Jerusalem, the establishment of a Palestinian state can be realized only in the context of an Israeli-Palestinian-Jordanian confederation.

Third, Jordan's direct and indirect involvement in the Israeli-Palestinian conflict, its intrinsic national interest in the solution of all conflicting issues due to its proximity to both Israel and the West Bank, its entwined national security with both sides, its role as the custodian of the Muslim and Christian holy shrines in Jerusalem, its demographic composition of which somewhere between 50 and 70 percent is of Palestinian origin,[15] and its current normal relations with both Israel and the Palestinians, all combined *make Jordan indispensable as a third state in the confederation*, without which Israel will not agree to either a two-state solution or a bilateral confederation with the Palestinians alone.

Fourth, since the second Intifada in 2002, in particular, the Israelis have become persuaded through systematic indoctrination largely by right-wing leaders that a Palestinian state will constitute an existential threat to their country and thus it must be prevented from ever being realized. For most Israelis the occupation became progressively normal, and since Israel learned how to contain Palestinian violence through the development of an immensely sophisticated security and intelligence apparatus, most Israelis see no urgency or need to end the occupation or alter the *status quo*, ignoring the fact that it bears dire consequences for Israel.

Fifth, since the Israeli-Palestinian conflict is becoming increasingly intractable and the current political and security climate appears not to be conducive to a resumption of peace negotiations, a new and creative approach becomes crucial to changing the dynamic of the conflict. The establishment of a trilateral Israeli-Palestinian-Jordan confederation will allow Israel to preserve its democracy, safeguard its national security, and uphold its Jewish national identity. The Palestinians will fulfill their aspiration for statehood, live in peace, and

---

15 See https://foreignpolicy.com/2021/10/15/jordan-palestine-israel-annex-west-bank-israel-occupation/.

enjoy a beneficial, neighborly relationship with Israel; Jordan will maintain its independence while further enhancing its national security and economic development, and resolving its own issue of Palestinian refugees. Under such conditions of peace, all three states will grow and prosper together, and create a broader regional peace.

Finally, given the continuing dire situation of the Palestinians in the West Bank under the occupation and the siege around Gaza, coupled with the 73-year-old Palestinian refugee plight and the Palestinians' simmering enmity and disdain toward Israelis, the occupation has become a ticking time bomb. Indeed, a Palestinian uprising on an unprecedented violent scale could occur any time ignited by a single violent incident; Israel can dismiss such a possibility only at its own peril.

In the following pages, I delve into these two critical issues: the occupation is becoming increasingly explosive with every day that passes, and the refugees' plight is becoming ever more daunting and harder to resolve. However, it is important to first explain why the climate may not appear conducive for the resumption of peace negotiations and, more importantly, why we must strive to change the dynamic of the conflict by introducing new ideas for beginning a large-scale reconciliation process. This will create a new compelling climate that will lead to a peace agreement and avert a greater disaster in the future.

If Not Now, When?

In discussing the Israeli-Palestinian conflict over the past several years with individuals from varied backgrounds—including academics, current and former government officials, diplomats, and ordinary Israelis, Palestinians, and Jordanians, as well as outsiders, including Americans, Europeans, and Arabs—one prevailing theme has emerged: that the international, regional, and political environments in Israel and Palestine are not conducive for any new peace initiative. But when asked when they think the time will be right for the resumption of peace negotiations and under what circumstances, no one could offer any definitive timeline. The general view is that a fundamental change in the dynamic of the conflict must first occur to create a conducive environment for the resumption of *credible peace talks* that could lead to a permanent solution. But then, what kind of fundamental change, who might precipitate it, and when, remain open questions. Sadly, this is the prevailing view of the situation today.

In Israel, nearly every political leader constantly hammers over the country's national security concerns but largely remains silent about the need to resolve the Israeli-Palestinian conflict *which is fundamental to, and has direct consequences for, Israel's national security now and for the foreseeable future.* One would think that the Bennett-Lapid government, which consisted of eight parties from the extreme left to the extreme right, including one Arab party, would have made the solution to the conflict a top priority; unfortunately, that was not the case. In fact, the coalition government agreed to do precisely the opposite. Since the leadership of the political parties of the coalition government could not reach any consensus on any prospective solution, they *all agreed not to deal with the Palestinian conflict,* as if it were only a marginal issue. And as the political parties at the time of this writing compete for the parliamentary elections in November, there has been hardly any discussion about the Palestinian conflict. Instead, the focus has been mainly on each individual minister's political ambition, the position they would occupy should their party join the new coalition government, and at what number they will be placed on each party's roster submitted to the electoral commission. Indeed, the occupation is hardly mentioned—there is no public outcry to end it, and no political leader of any stature talks about the urgency of finding a solution.

The situation among the Palestinians is as absurd as that of the Israelis. They are divided between the moderate Palestinian Authority (PA) in the West Bank and the extremist Hamas and Islamic Jihad in Gaza. Their efforts to unite have failed time and again as neither side is willing to compromise their leadership role, nor can they agree on how to tackle their conflict with Israel. Moreover, the PA is stuck in its old and tired narrative about the Israeli occupation, but offers no new initiative to restart the negotiations. Instead, it has placed preconditions on restarting peace talks, such as the Palestinian right of return and the removal of Israeli settlements, knowing full well that

Israel would forthrightly dismiss each as a nonstarter. Despite the continuing stalemate, the PA led by Mahmoud Abbas is happy with its cozy lucrative state of affairs, and refuses to hold a new election fearing that Hamas might prevail, all while cracking down on any resistance to its reign.

Hamas, on the other hand, continues to preach the gospel of destroying Israel, albeit it knows that its aspiration of wiping Israel off the map is delusional at best and suicidal at worst. After four wars with Israel and intermittent violence in between, they have concluded (without explicitly acknowledging it publicly) that Israel is here to stay and that they have no choice but to tacitly collaborate with Israel on many levels and maintain the current relative calm because they depend on Israel's continued cooperation. Indeed, Hamas receives its provisions of energy, medical supplies, money transfers, and building materials from Israel, which also permits 15,500 Palestinians from Gaza to work in Israel (with tentative plans to increase the number to 20,000) to bring much-needed revenue to the despairing Palestinian population who are tired of war and destruction, which Hamas cannot afford to dismiss (Fabian 2022). Through Egyptian mediation, Hamas has also been negotiating tacitly with Israel on a host of issues, yet its leadership still refuses to recognize Israel as it sees any resignation of a militant posture as a sign of weakness that could loosen its grip on power.

The Palestinians' Continuing Ineptitude

Both the PA and Hamas are foolishly hoping that their lot will improve over time, which is only another illusion and instead of addressing the people's needs, each political faction is competing to unseat the other. To be sure, the Palestinian leadership, moderate and extremist alike, has failed its people time and again, and missed many opportunities to end the conflict with Israel, using the people as pawns in their game of brinkmanship to outdo one another for both public consumption and in their position toward Israel.[16] Tragi-

---

16 The Palestinians with the support of the Arab states soundly rejected Israel's offer to surrender all captured territories in 1967 with the exception of Jerusalem in exchange for peace. Their rejection was formulated in Khartoum by passing a unanimous resolution, known for its three "nos": no negotiations, no recogni-

cally, Palestinian leaders have still learned nothing from their dismal failures over several decades.

Their most recent failure was their reaction to the Abraham Accords between Israel and the UAE, Bahrain, Morocco, and Sudan, which has created a significantly more favorable climate to resume the peace negotiations. Instead of capitalizing on the Accords (which forbids Israel from further annexing any Palestinian territories) and signaling to Israel their willingness to restart peace negotiations unconditionally and eventually join the Abraham Accords, they have condemned these historic agreements. As a result, they have further damaged their legitimate demand for statehood as to Israel, it demonstrates their continuing refusal to restart the peace talks in earnest. Moreover, they have failed to grasp that the Abraham Accords allow the Arab states to exert greater political influence on Israel on behalf of the Palestinians, especially because Israel wants to expand the Accords to include other Arab states. The Palestinians could have taken full advantage of the new political environment between Israel and the Arab states that was created by the Accords, but instead this has become yet another missed opportunity in a string of missed opportunities. Meanwhile, the Palestinian people continue to suffer under their inept leadership which is steadily losing its political and moral compass.

No wonder the Arab states have also grown weary of the Israeli-Palestinian conflict, and although they continue to support the Palestinians' quest for an independent state, they are now more focused on the threats to their own national security emanating from Iran, jihadist groups, and radical Islamists, such as the Shiite Hezbollah organization. They have come to view Israel as an asset rather than an adversary, one on whom they can count as being in the front line of defense to prevent Shiite Iran from realizing its ambition to become the region's hegemon. The normalization of relations under the Abraham Accords suggests a dramatic shift in the Arab states' priorities. Although they have not abandoned the Palestinian cause, they

---

tion, and no peace. The Palestinians rejected the late Egyptian President Anwar Sadat's invitation to join the peace negotiations in 1974. PA Chairman Arafat rebuffed a nearly complete peace agreement at Camp David in 2000 and several other missed opportunities to reach a peace agreement in between.

have become weary of the Palestinians being stuck in their dead-end position. As such, the Arab states see no urgency in finding a solution to the conflict, just as long as *Israel does not annex more Palestinian territory,* the intermittent Israeli-Palestinian violence continues to be managed, and any major flareups are prevented.

The United States, which continues to be the most important interlocutor between Israel and the Palestinians and has made repeated efforts in the past three decades to mediate a solution to their conflict, has basically given up trying to find a peaceful solution. During his visit to the region from July 13–16, 2022, President Biden paid no more than lip service to the conflict, making it clear that the political environment between the two sides does not lend itself to undertaking any new peace initiative. Moreover, given the country's internal political strife since Trump rose to power in 2017, among a plethora of other domestic problems, in addition to tension with China, the protracted negotiations with Iran over its nuclear program, and Russia's war against Ukraine, it is highly unlikely that the Biden administration will seek to settle a problem as intractable as the Israeli-Palestinian conflict, above those other more urgent concerns and conflicts facing America.

Finally, the EU, which continues to engage the Israelis and Palestinians on many levels and, like the United States, has strong geostrategic interests in the region, finds itself at a loss and has made no headway over the last decade to advance the Israeli-Palestinian peace process. The EU has refrained from taking any new peace initiative in recent years, conceding to the prevailing notion that the time has not arrived for any bold peace offensive; instead, it has inadvertently settled for the *status quo.* Just like the United States, the EU has its own share of problems partly emanating from its long-winded wranglings over Brexit, worrying relations with the United States during the Trump administration, and continuing anxiety over the current political discourse in America. And presently they are preoccupied by the Russia-Ukraine war and its security implications, including the economic instability resulting from the disruption of energy supplies and future uncertainty. Given its immediate concerns the EU resigned itself to the prevailing circumstances—a solution to the Israeli-Palestinian conflict can wait for another day.

The danger that all concerned parties seem to overlook is that although on the surface the *status quo* between Israel and the Palestinians may prevail for a little longer, say three-to-four years, it cannot be sustained for much beyond that. It is bound to explode in the face of everyone who does not realize the urgency and the dire consequences in the absence of a solution. Indeed, it is not a matter of *if* but *when* the Palestinians will rise and resort to violence, making the second Intifada in 2000 look like a mere rehearsal. And the Israelis who have been living in denial will sooner rather than later have to face the bitter truth. The Palestinian problem will not go away; it will continue to haunt them and offer no respite. Moreover, the conflict with the Palestinians will continue to provide Israel's staunchest enemy, Iran, and its proxy Hezbollah in Lebanon, the perfect recipe they need to destabilize the region and constantly threaten Israel's national security. And whereas Israel can prevail militarily over any of its enemies, albeit at an increasing toll in blood and treasure, it cannot stop the most dangerous threat of all—the deadly erosion, resulting from its continuing brutal occupation, of that moral foundation on which the country was established.

The Palestinians, moderate and extremist alike, must also realize that Israel is here to stay, regardless of what they say, do, or plot. Their fate is intertwined with Israel. They can live and prosper, and feel safe and secure only if Israel feels the same. But as long as any segment of the Palestinian population—especially Hamas and Islamic Jihad, who do not represent the majority of the Palestinian population—poses a threat to Israel's existence, however illusory that may be, it will still provide Israel with the perfect excuse to maintain its siege and let the Palestinians continue to languish under occupation. By now the Palestinians must understand that after 55 years of occupation, Israel's entrenchment in the occupied territories has only deepened and continued violent resistance plays directly into the hands of right-wing Israelis who are becoming the majority and oppose the establishment of a Palestinian state. The Palestinians will do well to remember that, while the Arab states oppose the occupation and support the establishment of an independent Palestinian state, their normalization of relations with Israel is no longer contingent upon Israel's return of Palestinian territory. Their past unanimous support of the Palestinians has now given way to their immediate national security concerns and economic well-being.

Changing the dynamic of the conflict will require a close look from a humanitarian perspective at its two major components; namely, *the occupation* and *the fate of the Palestinian refugees.* These two factors together have shaped the nature of the conflict and created new conditions on the ground that *only the Israelis and Palestinians themselves can effectively address* with the support of the United States, EU, Saudi Arabia, and Egypt. Both sides have contributed to the humanitarian crisis and its dire implications for their coexistence, which remains a fixed and unalterable reality. I believe that *only constant exposure of the humanitarian dimension of the conflict in vivid colors* will sound the alarm that time is running out and that both sides must act before it is too late.

The Mutual Curse of the Occupation

To understand the disastrous impact of the occupation on Israelis and Palestinians alike, one has to consider a crucial statistic: nearly 80 percent of Israelis today and over 90 percent of all Palestinians were born after Israel's 1967 capture of the West Bank and Gaza.[17] Just think of *the psychological, emotional, and everyday implications of this shattering reality* and the way it has shaped the two communities, how they have been affected by it and how they view each other.

In September, I spoke with the father of a soldier currently serving in the West Bank to find out what the situation on the ground is like right now. This following story was related to me regarding a conversation the soldier had with a Palestinian boy, which demonstrates the situation under which millions have grown up in the occupied territories.

> The soldier ventured to ask a 13-year-old Palestinian boy how he feels about his life, about the Israeli Jews, and about the occupation in general. The young boy hesitated at first to answer, fearing that if he said something derogatory to

---

17 Figures are approximate and compiled from demographic data published by *The World Factbook.*

an Israeli soldier real harm will come his way. Sensing the boy's hesitancy, the soldier gave assurances that he would not be harmed. "Do you really want to know?" the boy asked. Without waiting for an answer, the boy continued, "My grandfather passed away at the age of 64, humiliated and jobless. He felt ashamed because he could not provide for his family and the last few words he said to my father from his death bed were, *'Don't let them do to you what they have done to me.'* My father knew only too well what his father went through under occupation, as he lived it from the time he was nine years old.

"My father's lot has not been much better. Our little house was raided by Israeli security forces three times; every time I woke up terrified, screaming, hoping that it was just an awful nightmare. Then I realized it was all too real. I can still see my mother cowering in fear, warned by the soldiers not to scream as they handcuffed my father and shoved him out the door. Each time he spent several days in prison and was subsequently released without being charged with any crime." With tears rolling down his cheeks, the boy looked straight at the soldier's eyes and said: "You have crushed his dignity; he lives in fear not knowing when he will be incarcerated again. Soldiers like you have instilled dread in his heart, making his life miserable, and yes, after our olive trees, which are our main source of livelihood, were uprooted by soldiers just like you, my father now is a broken man, struggling day in and day out to make ends meet.

"Do you want to know more? I will tell you. Now you are robbing me of *my future*, you treat me and my friends like stray dogs. Why? *What have I done*? Even if my grandfather or my father committed a crime, *why should I suffer* for their transgression? I can never forgive or forget, how can I? I am the product of a third generation of despairing Palestinians suffering under the harsh reality of the occupation. I do not know where I will be in five or ten years, maybe in prison or dead, like the 300 Palestinians who were shot to death by Israeli forces last year alone, but I know one thing, I want revenge for the all the injustices and the daily humiliation that we endure."

While this is a relation of the conversation and not an exact transcription of what occurred, based on what I know firsthand, it still accurately conveys the reality in the West Bank and reflects the thoughts and feelings of this young boy, whose fear and anger is very real. This heart-wrenching story is but one of thousands of similar tales you hear throughout the West Bank. The Palestinians are enduring the pain, agony, and humiliation of the occupation every day and everywhere they go with no relief in sight. Each day at the crack of dawn Palestinians encounter new dismaying incidents which have become the norm: forced evictions of Palestinians from homes where their families lived for generations, confiscation of land allegedly needed for security, the incarceration of innocent youths without charges, or daily harassment and violence by settlers against ordinary Palestinians, and suspected militants brutally treated without any proof of wrongdoing. Palestinians are presumed guilty and the burden is on them to prove their innocence. Indeed, no Palestinian can escape the stench of occupation wherever they may go or hide.

Israel, of course does not want any of its chilling human rights violations to be reported or exposed. Human Rights Watch reports that Israel is "carrying out an unprecedented all-out assault on human rights advocates ... on August 18, Israeli authorities raided the offices of seven prominent Palestinian civil society organizations" (Shakir 2022). And in a separate incident, Israeli security forces detained Nasser Nawaj'ah, a field researcher for the Israeli rights group B'Tselem (2022), who stated after his arrest,

> It is not surprising that Israel goes after people who document the injustices it commits in the Occupied Territories and work to expose it. The violence of the Israeli forces is nothing new—it is a daily part of my work and of life for all Palestinians in the Occupied Territories ... The fate of human rights advocacy in Israel and Palestine may well hang in the balance.

It is not hard to imagine the impact of Israel's treatment of the Palestinians in the occupied territories. The Palestinians have become embittered, resentful, and intensely hateful. What Israel is doing is deliberately provoking the Palestinians through its harsh treatment and thus, directly or inadvertently, nurturing Palestinian militancy, which encourages violent resistance that Israel can readily contain. Then Israel turns around and accuses Palestinian youths of being militant and bent on killing Israelis, using these largely false allegations to tighten its control over the territories in the name of national security and to justify the continuing occupation. As such, successive Israeli governments, especially those led by right-wing leaders, such as former Prime Minister Netanyahu, who is remembered for repeatedly insisting that "there will be no Palestinian state under my watch,"[18] contend that, given the Palestinians' militancy and deep enmity toward Israel, no Israeli government can allow for the creation of a Palestinian state which will pose an existential threat to the country.

The Curse of Normalizing the Occupation

This is the reality and the tragic consequences of the occupation for the Palestinians, but it is equally tragic for the Israelis, albeit in a different way and with different implications for Israelis as individuals and for Israel itself as a Jewish state. The normalization of the occupation is a curse many Israelis still are oblivious to, even though it is dangerously eroding the moral foundation on which Israel was established. The vast majority of Israelis who grew up with the occupation generally pay no heed to what is happening in the occupied territories. Even though centrist and left-of-center media outlets and scores of human rights organizations are sounding the alarm, they have done little to make Israelis in general more conscientious and concerned—not only in terms of what is happening in the territories, but also as to how the occupation is affecting their own character.

Following over a millennium of segregation, persecution, expulsion, and death, Israel was created to provide a home, a refuge for the Jews to live in safety with their fellow Jews without fear of what

---

18   See https://www.cnn.com/2015/03/16/middleeast/israel-netanyahu-palestinian-state/index.html.

tomorrow may hold. Israel's creation was made necessary precisely because of the untold suffering to which the Jews have been subjected for centuries throughout the diaspora. One would think that the last thing that Israel as a Jewish state would do is subject other people to the same dehumanizing treatment *and thereby forfeit the moral imperative that gave rise to its very being.*

For tens of thousands of Israeli boys and girls, like their fathers and even grandfathers, the West Bank is an extension of Israel proper. They have been taught and indoctrinated with the belief that this land was bequeathed to them exclusively by the Almighty for eternity and that the Jews have come back to simply reclaim what is inherently theirs. The Palestinians are portrayed as the perpetual enemy not to be trusted or reconciled with. This dehumanization of the Palestinians escapes much of the Israeli public's consciousness. They are temporarily awakened when a violent incident by a Palestinian against Israeli Jews or another mini-war with Hamas occurs, but it is soon forgotten once Israel's security forces ruthlessly deal with the situation, so as to teach a would-be Palestinian extremist individual or group a lesson they won't forget. The last violent flareup in August between Israel and Islamic Jihad in Gaza offers just another example that demonstrates this unfortunate state of affairs.

Despite the Jews' long and troubling history, even after attaining their own independence at an unimaginable cost a growing majority of Israeli Jews fail to understand that *they are not really free as long as they dismiss the Palestinians' right to self-determination.* The normalization of occupation has made the Israelis increasingly numb to the Palestinians' plight and they have forgotten how it feels to live in servitude with little or no hope for a better and more promising tomorrow. But when this indifference to the pain of others becomes a way of life, it robs the individual Israeli of his or her own humanity and dignity, which are central to a wholesome existence. To be sure, the abuse of Palestinians in the occupied territories has become generational, and with every new generation that passes, the Israelis are becoming more accustomed to a reality that further debases their own humanity.

Moreover, although a growing majority of Israelis can now live with the occupation without much concern about how it might evolve,

73

there are those who want to end it knowing how destructive it is to both Israelis and Palestinians alike. Yet many remain apprehensive about discussing it publicly, fearing accusations of being anti-Israel and pro-Palestinian. To be sure, the occupation has created a social schism between the two sides. There are those right-wing Israelis who have sworn to hold onto the territories at any cost and prevent the Palestinians from ever establishing an independent state of their own. And there are those who are against the occupation not only because they are motivated by humanitarian concerns but also because they want to protect Israel's democracy, which is rapidly deteriorating. Indeed, Israel applies two sets of laws in the occupied territories: one for Israeli Jews who enjoy the rights, benefits, and protection of Israeli citizenship, and another set of discriminatory military laws which apply to the Palestinians and entail a completely different rule of jurisprudence which is the antithesis to democracy. As such, *Israel has become a* de facto *apartheid state*, intensely disappointing and perturbing to its friends and deeply loathed and resisted by its enemies.

Thus, when the historically persecuted Jews become the persecutor, Israel not only undermines its moral legitimacy but exposes itself to critics who wrongly seek to minimize or even deny the Holocaust, the horror of which motivated the moral claim to the establishment of a Jewish state on a part of its ancestral homeland.

Earlier in September 2022, when PA President Abbas met with German Chancellor Olaf Scholz, he said that Israel committed "50 massacres; 50 Holocausts" against the Palestinians.[19] Even though Israel's egregious human rights violations against the Palestinians are totally unacceptable, comparing them to the Holocaust in multiples of 50 is beyond reprehensible and must be condemned in the strongest terms. However, it shows how cavalierly the greatest tragedy inflicted on any people is being referenced, by President Abbas no less, who presumably seeks peace with Israel. Furthermore, anyone who cares about Israel but denies that the rise of antisemitism is not attributable at least in part to the occupation and the way the Palestinians are treated is delusional. They render Israel and the Jews,

---

19 See https://www.nytimes.com/2022/08/17/world/middleeast/palestinian-leader-accused-israel-of-50-holocausts-causing-an-uproar.html.

wherever they reside, a terrible disservice as they obscure the disastrous ramifications of the occupation.

Although this internal discord among Israeli Jews in connection with the occupation has not come, as of yet, to a boil, it remains potent and is bound to surface in one form or another, especially given Israel's endemic political polarization. Everyone wants to be the prime minister but no official has any plan or vision whatsoever as to how to engender the national consensus that will bring an end to the occupation and address the Palestinians' legitimate claim for an independent state, *provided that it coexists in peace and security side-by-side with Israel.*

The above review of the occupation and its severe adverse impact on both Palestinians and Israelis leaves little room for speculation as to whether or not the time is ripe for a solution to their conflict. The Israeli occupation is a ticking time bomb that could explode with no warning: any violent incident could ignite a conflagration because the legitimate anger and sense of injustice among the Palestinians is simmering just under the surface, and is bound to eventually explode. Meanwhile, the Israelis' complacency and self-assurance that they can indefinitely maintain and live with the *status quo* is obscuring the looming disaster.

The Palestinian Refugees and the Right of Return

There is no better term to describe the plight of the Palestinian refugees than *tragedy*. It shames every party involved in its causation and perpetuation, directly and indirectly, including Israel, the Arab states, the UN, and the Palestinian leadership over the past 73 years. Indeed, there has not been any precedent in modern times of a refugee crisis that has lingered and grown exponentially to the level and scope of the Palestinian refugees. Even a quick review of their plight reveals the unconscionable way they have been dealt with and treated, making their condition increasingly acute and painful over the years. The Palestinian refugee situation remains to this day a humanitarian disaster as it persists with no end in sight. It must be addressed not only for the sake of the refugees themselves, but also to remove one of *the major obstacles* that has impeded an overall solution to the Israeli-Palestinian conflict.

It does not take great imagination or extensive research to find out that over 1.5 million Palestinian refugees are still languishing in 58 refugee camps across the region, in Jordan, Lebanon, Syria, and Gaza and the West Bank, including East Jerusalem (UNRWAb). Their highlight of the day is when they receive their food ration which is hardly enough to provide the needed nutrition, especially for the little boys and girls who are in their early stages of mental development. They live in densely populated camps with narrow, crowded lanes, with understaffed and underrun medical facilities, irregular access to clean drinking water, and poor access to education. Unemployment rates are high; in Gaza it is 49 percent, and in UNRWA camps in Lebanon the unemployment rate is 60 percent (UNRWAb, Middle East Monitor 2021). There is a lack of effective security, and rampant crime and violence within and between families. Their suffering is further compounded by their despair and hopelessness that tomorrow will be no better than today.

No sustainable solution to the refugee issue can be found unless Israel and the Arab states first acknowledge and assume some responsibility for the "great disaster" (*Al-Nakbah*) which was inflicted on the Palestinians and is attributed to the first major wave of refugees. It is estimated that more than 750,000 Palestinians became refugees resulting from Israel's war of independence in 1948. Their number has subsequently swelled to over 5 million (UNRWAb). This massive growth and the protraction of the refugees' plight is largely attributed to four factors: a) natural population growth, b) a new wave of Palestinian refugees resulting from the 1967 Six-Day War, c) the refusal of Palestinian and Arab state leaders to settle the refugee problem short of exercising their "right of return," and d) the lack of any effort by the UN to settle the refugee problem on a permanent basis.

Israel's Role

Since its establishment, Israel has categorically refused to acknowledge that it played any role in causing the expulsion of Palestinians from what is today the State of Israel. Nevertheless, there exists uncontestable historical records detailing Israel's culpability in the creation of the Palestinian refugee problem. Israel forcefully evicted tens of thousands of Palestinians from their homes in the cities and villages across modern-day Israel, including Ramle and Lydda (now Lod). Prime Minister David Ben-Gurion ordered the expulsion of all Palestinians, which was signed by then-Lieutenant Colonel Yitzhak Rabin: "The residents of Lydda must be expelled quickly without attention to age" (Neff 1994). To justify their unwillingness to allow any significant number of refugees to return to their homes and villages, Israel insisted that there was a *de facto* population exchange.

Indeed, over 850,000 Jews of Middle Eastern and North African origin left their respective countries after 1948; 586,000 of them settled in Israel (Hoge 2007, Jewish Virtual Library). As such, Israel claims, there is no justification to the Palestinians' or the Arab states' demands to admit the Palestinian refugees back into Israel proper. What successive Israeli governments never understood or appreciated is the fact that the Palestinian refugee problem was not limited only to their numbers or their inhumane treatment. Seventy-four years later, even though the vast majority of refugees have gradually come to the conclusion that their right of return can no longer be exercised, they still demand accountability and an admission of the tragedy that was inflicted on them by the nascent Israeli state and which continues to haunt them to this very day. In order to set the historical narrative straight and mitigate their psychological trauma, they want an acknowledgment of what happened to them.

Moreover, what added salt to their festering wound was that Israel moved to build settlements within a short period following its conquest of the West Bank and Gaza starting in the surrounding areas of Jerusalem. As the refugees see it, they not only have been exiled from their homes, but now the Palestinians who remained are being displaced through the annexation of ever more Palestinian land to make room for Jewish settlements.

The Arab States

The Arab states also significantly added to the roster of refugees by openly calling on Palestinians during the 1948 war to leave their homes and come back for the spoils once Israel was defeated. Multitudes of Palestinians heeded the Arab states' call and left their homes, but after Israel's victory were not allowed to return. Israel not only won the war but captured more territories, resulting in yet another wave of refugees. Sadly, the Arab states continued for more than 50 years to insist that their will be no peace, no recognition, and no negotiations with Israel (the Khartoum Resolution of 1967) which obviously sidetracked the refugees' very real dismal situation, and the only faint hope they clung to became more of a slogan than a practical solution.

To be sure, with the exception of Egypt and Jordan which made peace with Israel in 1979 and 1994, respectively, the Arab states continued their opposition to Israel's existence for more than five decades. Their insistence on the right of return would have made any effort to settle the refugee issue appear to be in contradiction to their public narrative. Thus, the refugees were left to their own devices, hoping against hope that their leaders or the international community would eventually force Israel's hand. The Arab states have undoubtedly made matters considerably worse for the refugees by providing a cover for the Palestinian leaders to stick to the mantra of the right of return in spite of the fact that every day that passes makes the refugees' return more unrealistic and their plight increasingly acute.

Throughout the intermittent violent conflict between Israel and the Arab states culminating in the Six Day War, the quandary of the refugees only intensified and any solution to ease their humanitarian crisis became increasingly remote. It was not until 2002 that the Arab states led by Saudi Arabia introduced the Arab Peace Initiative, which effectively dropped the demand for the right of return, though without explicitly stating so: instead, the Initiative called for the "achievement of a just solution to the Palestinian Refugee problem" (Arab Peace Initiative 2002).

Over the past seven decades, since the tragic events in 1948, the Palestinian leadership has never changed its tune and has deliberately and relentlessly continued to promulgate the right of return and use the term *as a political tool* to presumably advance the refugee cause, which has hamstrung an actual solution to the refugee problem. Needless to say, by promoting the right of return, they were unable to simultaneously seek to settle the issue of the refugees by any other means. In 2000, at Camp David when Israeli Prime Minister Ehud

Barak and Yasser Arafat, the Chairman of the PA, sat to negotiate a peace agreement under the auspices of the Clinton administration, the two sides almost reached an agreement based on a two-state solution, only for it to be scuttled by the issue of the refugees.

I was told by a top Israeli official who had firsthand knowledge of those negotiations that, other than agreeing on a two-state solution, the problem of the Palestinian refugees was thoroughly discussed. It was eventually agreed that between 20,000 to 25,000 refugees would be allowed to return under family reunification, finally putting to rest the issue of right of return. Chairman Arafat refused however to sign on the dotted line, claiming that he had no right to sign off on behalf of the next generation of Palestinians and insisting that any agreement signed between them must stipulate in principle that the *Palestinian refugees have the right of return*. Finally, the peace negotiations failed and less than two years later the second Intifada erupted, severely undermining any prospect for peace, even to this day. The Israelis grew completely distrustful of the Palestinians, and began gradually moving to the right-of-center. The building of new and the expansion of existing settlements accelerated and the plight of the refugees only deepened with their growing misery and despair.

UNRWA

UNRWA—the UN agency which has spearheaded Palestinian refugee relief programs by providing food, health care, and education for the past seven decades and maintains records of refugee populations and places of residence—has in many ways only prolonged their dispersal, displacement, and suffering. Throughout these years, no major initiative was taken by the UN to find a permanent solution to end their immiseration, whether through resettlement and/or compensation. The Arab states did not allow the UN to undertake such an effort because they continue to cling to the hopeless notion of the right of return. The effort to aid the refugees was focused largely on raising enough money to tend to their needs, irrespective of the fact that the longer the refugee problem lingered, the greater their number would swell, with the amount of funding corresponding to their needs becoming increasingly difficult to raise.

Western powers, especially the EU and the United States, are the main contributors to UNRWA, which can hardly catch up with the ever-growing financial requirement of the refugees. Although UNRWA remains indispensable to the well-being of the refugees, it has inadvertently prolonged their condition and seven decades later there is still no light at the end of the dark tunnel the refugees have been traversing hopelessly through these many years. Sadly, UN agencies can also be driven by self-preservation, as no organization likes to "go out of business," and UNRWA is certainly guilty of this charge. Nevertheless, UNRWA, even if it wanted to, cannot act on its own to resolve the refugee problem without the full support of the international community, especially the Arab states who prefer to resolve it through resettlement and/or compensation. One of Israel's senior officials who was involved in the 2008–2009 peace negations told me that the Palestinian leaders still agreed in principle to such a solution, provided it is *done in the context of reaching a peace agreement with Israel based on a two-state solution.*

I fully subscribe to the notion that a solution to the Palestinian refugee crisis at this juncture cannot be achieved outside of a general framework for a comprehensive Israeli-Palestinian peace agreement. To that end it will be crucial for Israel to declare its willingness to contribute financially and structurally to the resettlement of the refugees which would be seen as Israel assuming some responsibility for, without admitting to have contributed to the creation of, the refugees' dilemma. Such a gesture by Israel would certainly help mitigate the excruciating psychological and emotional suffering which continues to haunt the refugees to this day, irrespective of their places of residence and their socio-economic conditions. Such an acknowledgment will also make it politically feasible for the Palestinian leadership to soften and over time stop reiterating publicly the right of return as a prerequisite to a solution to the Israeli-Palestinian conflict.

In lieu of that, the PA would instead begin to use the phrase of "a just solution to the Palestinian Refugee problem" which was stated in the Arab Peace Initiative (2002). By dropping the frequent use of the phrase *"right of return,"* the PA with the support of the Arab states along with the EU, the United States, and Israel would embark on developing a comprehensive plan and provide the funding to facilitate the resettlement and/or compensation of the refugees. Such a plan *should be an integral part of the five-to-seven years or longer reconciliation process between Israel and the Palestinians* that would lead to the *establishment of an independent Palestinian state, which must be agreed upon by Israel as being the ultimate goal at the onset of the reconciliation process between the two sides* (Ben-Meir 2022). Setting the goal of establishing the Palestinian state will provide the Palestinians every incentive to invest in nation building and collaborate in the reconciliation process. The Palestinians understand that full and *genuine cooperation and collaboration* with Israel—people-to-people and government-to-government on social, economic, and especially security levels—is *sine qua non* to realizing their aspiration for statehood.

Conclusion

The Israeli-Palestinian conflict has been a debilitating, consuming, and ongoing crisis unmatched by any other since World War II. It has exacted an extraordinarily heavy toll from both sides. Those who believe that the time is not ideal for a solution and offer no road map as to how to achieve it are only prolonging the severity of the conflict and pushing it to the precipice of disaster. It is time to think anew and not allow the relatively current calm façade to obscure the looming danger.

The idea behind my proposal to establish an Israeli-Palestinian-Jordanian confederation (Ben-Meir 2022) was to begin a serious discussion among every individual, civil society organization, institution, and political party that cares to find a peaceful solution to the Israeli-Palestinian conflict. This special issue of *World Affairs* has been one of the upshots of that idea. All of us must now sound the alarm because waiting for the "right time" to end the occupation and settle the refugee humanitarian crisis may otherwise never come unless we act. The burden is on everyone who is concerned to help in advancing *that right time* by creating a new conducive environment through a *process of reconciliation* that will pave the way for a permanent solution.

My proposed plan to establish an Israeli-Palestinian-Jordanian confederation offers a road map to that end. Certainly, the proposal is open to further discussion, modification, and improvement, but the principal idea remains the same precisely because the conditions on the ground that fully support the creation of confederation are not subject to dramatic change.

Finally, let me repeat what I have been preaching for more than three decades. Both Israelis and Palestinians alike have uncontested historic and religious roots in the same land. They also know that their coexistence is not merely one option alongside others: it is a reality that no one can change short of a catastrophic event. They are stuck with one another indefinitely. They are doomed or divinely ordained to coexist. It is now entirely up to them to choose the nature of their coexistence. Do they want to maintain a violent relationship laden with intense hate and acrimony, to poison one generation after another, which would lead to nothing but more destruction and bloodshed, consume them from within, and extinguish the last vestiges of their humanity? Or do they want to grow and prosper together and utilize their combined incredible human resourcefulness to usher in a new era, a revival under the umbrella of an Israeli-Palestinian-Jordanian confederation that will have immense regional implications in terms of prosperity, security and peace?

I know that to many what I propose will sound utopian and unrealistic, but then I truly believe that, "if you will it, it is not a dream."

References

"60% Of Palestine Refugees in Lebanon Now Unemployed, Activist Says." Middle East Monitor, October 8, 2021. https://www.middleeastmonitor.com/20211008-60-of-palestine-refugees-in-lebanon-now-unemployed-activist-says/.

"Arab Peace Initiative." 2002. *European Parliament.* Beirut, March 28. https://www.europarl.europa.eu/meetdocs/2009_2014/documents/empa/dv/1_arab-initiative-beirut_/1_arab-initiative-beirut_en.pdf (accessed August 31, 2022).

Ben-Meir, Alon. 2022. "The Case for an Israeli-Palestinian-Jordanian Confederation: Why Now and How?" *World Affairs* 185 (1): 9-58. https://doi.org/10.1177/00438200211066350.

Fabian, Emanuel. 2022. "Israel to Allow 1,500 More Palestinian Workers to Enter from Gaza on Sunday." *The Times of Israel*, August 19. https://www.timesofisrael.com/israel-to-allow-1500-more-palestinian-workers-to-enter-from-gaza/.

"Fact Sheet: Jewish Refugees from Arab Countries." *Jewish Virtual Library*. Accessed September 2, 2022. https://www.jewishvirtuallibrary.org/jewish-refugees-from-arab-countries.

Hoge, Warren. 2007. "Group Seeks Justice for 'Forgotten' Jews." *The New York Times*. November 5, 2007. https://www.nytimes.com/2007/11/04/world/americas/04iht-nations.4.8182206.html.

"ISA Detains and Interrogates B'Tselem Field Researcher; B'Tselem: 'Disgraceful Arrest Aimed at Hampering the Work of a Human Rights Organization.'" 2022. B'Tselem, August 12. https://www.btselem.org/press_releases/20220812_isa_detains_and_interrogates_btselem_field_researcher.

Neff, Donald. 1994. "Expulsion of the Palestinians—Lydda and Ramleh in 1948." *Washington Report on Middle East Affairs* July/August: 72. https://www.wrmea.org/israel-palestine/middle-east-history-expulsion-of-the-palestinians%E2%80%94lydda-and-ramleh-in-1948.html.

Shakir, Omar. 2022. "Raising the Alarm: Israel's All-Out Assault on Rights Defenders." Human Rights Watch, August 19. https://www.hrw.org/news/2022/08/19/raising-alarm-israels-all-out-assault-rights-defenders.

The World Factbook. N.d. Washington, D.C.: Central Intelligence Agency. Continually updated. https://www.cia.gov/library/publications/the-world-factbook/ (accessed September 1, 2022).

UNRWA. 2021. "Occupied Palestinian Territory Emergency Appeal 2021." https://www.unrwa.org/sites/default/files/content/resources/opt_2021_ea_factsheet_eng.pdf.

UNRWA. "Palestine Refugees." Accessed September 1, 2022. https://www.unrwa.org/palestine-refugees.

About the Author

Dr. Alon Ben Meir is a retired professor of international affairs, most recently having taught at New York University's Center for Global Affairs. Ben-Meir is an expert on Middle East and West Balkan affairs, international negotiations, and conflict resolution. In the past two decades, Ben-Meir has been directly involved in various backchannel negotiations involving Israel and its neighboring countries and Turkey.

Ben-Meir is featured on a variety of television networks and also regularly briefs at the U.S. State Department for the International Visitors Program. He writes a weekly article that is syndicated globally. Dr. Ben-Meir has authored seven books related to the Middle East and is currently working on a new book about human rights. Ben-Meir holds a Master's degree in philosophy and a doctorate in international relations from Oxford University.

Made in the USA
Middletown, DE
28 September 2023

مبررات إقامة كونفدرالية إسرائيلية ـفلسطينية ـأردنية

لماذا الآن وكيف؟

مبررات إقامة كونفدرالية إسرائيلية-فلسطينية-أردنية

لماذا الآن وكيف؟

بقلم: البروفيسور ألون بن - مئير

Westphalia Press

An Imprint of the Policy Studies Organization

Washington, DC

2023

تم نشر المقالات المرفقة في مجلة الشؤون العالمية (World Affairs) في الأصل ، المجلد 185، العددان 1 و4
https://doi.org/10.1177/00438200211066350
https://doi.org/10.1177/00438200221128788

د. ألون بن - مئير،
هاتف: 212-866-5998
البريد الإلكتروني: alon@alonben-meir.com
www.alonben-meir.com

مبررات إقامة كونفدرالية إسرائيلية ـ فلسطينية ـ أردنية: لماذا الآن وكيف ؟

مبررات إقامة كونفدرالية إسرائيلية ـ فلسطينية ـ أردنية

لماذا الآن وكيف؟

مقدمة

بعد 73 عاماً من الصراع، وبغض النظر عن التغيرات العديدة على الأرض، والرياح السياسية التي اجتاحت المنطقة، وأعمال العنف المتقطعة بين إسرائيل والفلسطينيين، فإن الفلسطينيين لن يتخلوا عن طموحهم إلى إقامة دولتهم.وفي نهاية المطاف، يظل حل الدولتين هو الخيار الوحيد القابل للتطبيق لإنهاء الصراع بينهما.ومع ذلك، فإن الفرق بين إطار السلام الذي تمت مناقشته في التسعينيات والعقد الأول من القرن الحادي والعشرين، حيث كان التركيز على إقامة دولة فلسطينية في الضفة الغربية وقطاع غزة، مقابل الوقت الحاضر، هو أن العديد من الحقائق الجديدة التي لا رجعة فيها قد نشأت: ولا سيما تناثر السكان الإسرائيليين والفلسطينيين في الضفة الغربيةوالقدس وإسرائيل نفسها؛ ووضع القدس، حيث يتمتع كلا الجانبين بعلاقة دينية فريدة؛ والمستوطنات الإسرائيلية في الضفة الغربية، التي يجب أن تبقى غالبيتها في مكانها؛والمخاوف الأمنية الوطنية المتشابكة للإسرائيليين والفلسطينيين؛ واللاجئين الفلسطينيين، الذين يحتاجون إلى إعادة توطينهم و/أو تعويضهم.

وهذا يقودني إلى الاعتقاد بأن الدولتين الإسرائيليتين والفلسطينيتين المستقلتين لا يمكن أن تتعايشا بسلام وتستمرا إلا من خلال إنشاء اتحاد كونفدرالي إسرائيلي فلسطيني ينضم إليه فيما بعد الأردن، الذي لديه مصلحة وطنية جوهرية في حل جميع القضايا المتضاربة بين إسرائيل وفلسطين. ولتحقيق هذه الغاية، يتعين على جميع الأطراف أن تتعاون بشكل كامل ودائم على العديد من المستويات التي تقتضيها الظروف المتغيرة المذكورة أعلاه على الأرض، والتي لم يعد من الممكن إعادة معظمها إلى الوضع الذي كان قائماً من قبل.

هناك حقيقتان حاسمتان توفران الأساس المنطقيوراء هذا الاقتراح.أولاً، خلافاً لوجهات النظر التي تتبناها الحكومات الإسرائيلية المتعاقبة، بما في ذلك حكومة بينيت، فإن الظروف الحالية ليست مستدامة ولا يمكن إلا أن تجعل الصراع مستعصياً على الحل بشكل متزايد وربما قابلاً للانفجار، مع تناقص العائدات لكلا الجانبين.وثانيا، تشعر الولايات المتحدة والاتحاد الأوروبي

والدول العربية أن الصراع المستمر يغذي التطرف، ويزعزع استقرار المنطقة، ويسمح للقوى الخارجية مثل إيران والجماعات المتطرفة باستغلال الوضع، وكل هذا يقوض مصالحها الجيواستراتيجية بشكل خطير وعلى هذا فإن هذه القوى الغربية والعربية ستلعب دوراً مباشراً في عملية التفاوض وتضغط، عند الضرورة، على الطرفين لمواجهة حقيقة أوضاعهما.

ومع ذلك، لا يمكن التوصل إلى اتفاق بشأن إنشاء اتحاد كونفدرالي واستدامته إلا إذا سبقته عملية مصالحة مدتها 5-7 سنوات. وسوف تشتمل مثل هذه العملية على تفاعلات شاملة بين الحكومةوالشعب على العديد من المستويات، وخاصة الاجتماعية والاقتصادية والأمنية، كشروط مسبقة للتخفيف من العوائق النفسية وانعدام الثقة والكراهية المتأصلين. ويتعين على الأطراف الثلاثة أن تتفق منذ البداية، فإن مثل هذه العملية ستؤدي في النهاية إلى إنشاء اتحاد كونفدرالي إسرائيلي- فلسطيني-أردني.

إن إنشاء الكونفدرالية سيسمح للأحزاب بتحقيق تطلعاتها الوطنية والحفاظ عليها. وسوف تتمكن إسرائيل من تأمين ديمقراطيتها وهويتها القومية اليهودية، وسوف يحقق الفلسطينيون تطلعاتهم إلى إقامة دولتهم، وسوف يحافظ الأردن على استقلاله ويعزز أمنه القومي. وفي ظل ظروف السلام هذه، سوف تنمو وتزدهر الدول الثلاث معًا، وتخلق سلامًا إقليميًا أوسع نطاقًا.

إطار الكونفدرالية

يتم تعريف الاتحادات الكونفدرالية على أنها "اتحادات طوعية لدول مستقلة التي، من أجل تأمين بعض الأغراض المشتركة، توافق على قيود معينة على حريتها في العمل وتنشئ بعض الآليات المشتركة للتشاور أو المداولات" [تم اضافة التأكيدات].[1]

الأمر المهم الذي يجب التأكيد عليه فيما يتعلق بمفهوم الكونفدرالية هو أن الدول المعنية تحافظ على استقلالها، وأن تعاونها في القضايا ذات الاهتمام المشترك، رغم أنه ضروري، يظل طوعياً. ومع ذلك، كلما زاد تعاونهم، زادت الفائدة التي يولدونها وزادت الفرص المتاحة لمزيد من التوسع في جهودهم التعاونية.

ومن شأن مثل هذا الاتحاد أن يضم الدول الإسرائيلية والفلسطينية والأردنية المستقلة معًا حول القضايا ذات الاهتمام المشترك التي لا يمكن معالجتها إلابالتعاون الكامل في إطار الكونفدرالية. ويشمل ذلك: السكان الإسرائيليين والفلسطينيين المتناثرين،

---

[1] حسب تعريف موسوعة بريتانيكا

والوضع المستقبلي للقدس، والأمن القومي، ومصير المستوطنات، واللاجئين الفلسطينيين.إن فشلهم السابق في التوصل إلى اتفاق، والذي عجل به إلى حد كبير المصالح الوطنية المتناقضة، والرواياتالتاريخية، والعوائق النفسية بشأن هذه القضايا يفسر السبب وراء تزايد صعوبة حل الصراع.لقد سعى الطرفان إلى الحصول على تنازلات لم يتمكن الطرف الآخر من الإذعان لها، مدفوعين بفشلهما في التفاوض بحسن نية.والآن نشأت ظروف جديدة على الأرض.ومع ذلك، *ونظراً لحتمية التعايش، سواء في ظل ظروف معادية أو سلمية*، فإن الاتفاق من حيث المبدأ على إنشاء اتحاد كونفدرالي منذ البداية كهدف نهائي يمكن أن يسمح لكلا الجانبين بحل وإدارة الحقائق التالية على أرض الواقع بشكل مشترك:تخضع لتحول جذري وهي أساسية للتوصل إلى اتفاق سلام مستدام .

وللوصول إلى هذا الهدف النهائي للاتحاد الكونفدرالي، يجب إجراء عملية مصالحة لمدة تتراوح من 5 إلى 7 سنوات، والتي ستشمل التفاعلات بين الحكومة والشعب (تدابير بناء الثقة) بشأن القضايا الاجتماعية والسياسية والاقتصادية والثقافية والقضايا الاجتماعية والسياسية.وعلى كافة المستويات الأخرى،ستكون هناك حاجة إلى تخفيف حالة عدم الثقة والاستياء المتجذرة بين الجانبين، وخلق مناخ جديد يفضي إلى التعايش السلمي.ومن شأن هذه العملية أيضًا أن تخفف من الحواجز العاطفية والنفسية التي ظلت تطاردهم لأكثر من سبعة عقود.ورغم أن بعض المتطرفين الفلسطينيين مستمرون في الدعوة إلى تدمير إسرائيل، فإن الفلسطينيين عموماً*يدركون أنهم لن يتمكنوا أبداً من تحقيق دولة خاصة بهم*

ما لم يقبلوا إسرائيل كدولة مستقلة يتعين عليهم أن يتعايشوا معها بسلام.

أولاً، من الضروري إثبات أن للفلسطينيين الحق في دولة خاصة بهم منصوص عليها في خطة التقسيم التي أصدرتها الأمم المتحدة عام 1947، وقرار الجمعية العامة للأمم المتحدة رقم 181، الذي منحأيضاً الجالية اليهودية في فلسطين الحق في إقامة دولة يهودية مستقلة.[2] إن شرعية إسرائيل كدولة ذات سيادة ترتكز على قرار الأمم المتحدة هذا، كما هو الحال مع حق الفلسطينيين في دولة مستقلة.والمفارقة هنا هي أنه في حين تدعي إسرائيل الشرعية على أساس هذا القرار، فإنها تنكر على الفلسطينيين الشرعية التي يرتكز عليها القرار نفسه.إن رفض الفلسطينيين وبقية الدول العربية لخطة التقسيم لا يعني أنهم فقدوا حقهم في إقامة دولة إلى الأبد؛وبغض النظر عن هذا الرفض فإن قرار الأمم المتحدة يظل ساري المفعول.وسوف يكون لزاماً على إسرائيل أن تعترف بحق الفلسطينيين في دولة خاصة بهم، ليس فقط لأن الفلسطينيين لن يتنازلوا أبداً عن حقهم، بل وأيضاً لأن المجتمع الدولي مجمع على دعمه لقيام دولة فلسطينية.علاوة على ذلك، لا تتمتع إسرائيل بحق النقض (الفيتو) لمنع إقامة دولة فلسطينية.وفي إطار اتحاد كونفدرالي بين البلدين، إلى جانبالأردن، الذي سينضم إلى

---

[2] تمت إعادة التأكيد على هذا الحق في الوطني الفلسطيني بشكل رجعي قرار الجمعية العامة للأمم المتحدة رقم 181 في قرارات مجلس الأمن الدولي رقم 242 (1967) 338 (1973)، 1397 (2002) 1515 (2003)، 1860 (2009) و 2334 (2016). إضافة لذلك، فقد اعترف المجلس وثيقة إعلان الإستقلال الفلسطيني في عام 1988.

الاتحاد بمجرد التوصل إلى اتفاق مبدئي بين إسرائيل والفلسطينيين، تستطيع إسرائيل تأمين الكثير مما حققته على الأرض بالتعاون الكامل مع دولة فلسطينية مستقلة.

التجمعات السكانية المتداخلة مع بعضها البعض:

حقيقة أن الإسرائيليين والفلسطينيين متداخلون مع بعضهم البعض في الضفة الغربية والقدس وإسرائيل *ويستقرون في أماكن إقامتهم الحالية* يجعل من المستحيل ببساطة فصلهم فعليًا أو نقل شريحة كبيرة من أي من السكان. هناك ما يقدر بنحو 2.77 مليون فلسطيني و400 ألف إسرائيلي في الضفة الغربية، وفي القدس الشرقية، وهناك ما يقرب من 330 ألف فلسطيني و215 ألف إسرائيلي يعيش معظمهم في الأحياء اليهودية المحيطة بالقدس الشرقية بعد عام 1967، والتي يعتبرها الفلسطينيون مستوطنات(Choshen 2018 and Korach) وهناك أيضًا ما يقرب من 1.7 مليون مواطن عربي إسرائيلي، ورغم أن وضعهم يختلف عن وضع المستوطنين الذين يعيشون في الضفة الغربية، فإن حقيقة أنهم يعيشون في بلدهم – إسرائيل – كمواطنين كاملي الحقوق تشير إلى أن التعايش بين الإسرائيليين والفلسطينيينلا مفر منه. وتجدر الإشارة إلى أنه على الرغم من حقيقة أن عرب إسرائيل هم مواطنون في إسرائيل، فمن المؤكد أن لديهم تقاربًا عميقًا تجاه إخوانهم في المناطق، مما يضيف عنصرًا اجتماعيًا وثقافيًا إلى التداخل بين السكان. وبدأ الفلسطينيون في الضفة الغربية يتصالحون تدريجياً مع حقيقة أن اليهود الإسرائيليين الذين يعيشون في وسطهم *يشكلون أيضاً واقعاً لا رجعة فيه.*

ورغم أن الفلسطينيين في غزة منفصلون تماماً عن الإسرائيليين، فإنهم يعتمدون على إسرائيل في الإمدادات - وخاصة الأدوية ومواد البناء والكهرباء والغازوالنفط - وهو واقع لا يخضع لتغيير جذري حتى بعد رفع الحصار في ظل شروط سلام. ولن يزداد التفاعل بين الجانبين إلا بحكم موقع غزة وحاجة الفلسطينيين في غزة والضفة الغربية للتواصل والتعامل مع بعضهم البعض، وهو ما يمكن القيام به إلى حد كبير من خلال أرض إسرائيل.

من الممكن نقل بعض الإسرائيليين الذين يعيشون في مستوطنات صغيرة منتشرة في جميع أنحاء الضفة الغربية إلى مستوطنات أكبر، رغم أن بعضهم سيقاوم.ولكن إذا وفرت لهم الحكومة الإسرائيلية سكناً أفضل أو متساوياً في الجودة وفرص عمل وبعض الحوافز المالية، فسوف ينتقلون بسلام.ومع ذلك فإن الغالبية العظمى من المستوطنين ستبقى في أماكنها لأنه لن توافق أي حكومة إسرائيلية، بغض النظر عن ميولها السياسية، على إزالة مثل هذه المستوطنات.وكما تم الاتفاق عليه في مفاوضات السلام السابقة في 2008-2009 و2013-2014، سيتم تعويض الفلسطينيين من خلال تبادل الأراضي (التي تشكل ما يقرب من أربعة إلى ستة في المائة من الأراضي) للتعويض عن الأراضي المستخدمة، وخاصة من قبل الكتل الاستيطانية الثلاث الكبيرة على طول الضفة الغربية ضمن حدود عام 1967 (المعروفة عمومًا باسم معاليه أدوميم، وغوش عتصيون، وبيتارعيليت على الرغم من أن التشكيل الدقيق لا يزال مفتوحًا للنقاش). وإجمالاً، ستشمل هذه المستوطنات المدرجة في

عمليات تبادل الأراضي حوالي 80 بالمائة من جميع المستوطنين الإسرائيليين (أريئيلي ونوفيك 2018).

سوف تظل هناك مستوطنات أخرى، مثل آرييل، والتي ستبقى بلا شك على الأراضي الخاضعة للسيطرة الفلسطينية. ليس أمام الفلسطينيين خيار سوى قبول استمرار مئات الآلاف من الإسرائيليين في العيش في المستوطنات في الضفة الغربية، كما أن مطالبة السلطة الفلسطينية بإزالة كافة المستوطنات خارج الكتل الثلاث لن تكون مقبولة[3].
ومع ذلك، يجب إزالة المستوطنين الذين يعيشون في مستوطنات صغيرة أو نقلهم من أجل خلق تواصل أراضي للدولة الفلسطينية المستقبلية.

إن تداخل الإسرائيليين والفلسطينيين في الضفة الغربية وفي القدس مع بعضهم البعض هو عامل دائم له ثلاثة أبعاد. فأولاً، سوف يكون من المستحيل إقامة حدود صلبة بين الجانبين، حيث سوف يكون هناك دائماً إسرائيليون وفلسطينيون يعيشون في أراضي الطرف الآخر ويرغبون في التحرك بحرية عبر الحدود.وتقدم القدسمثالاً جيدًا حيث يتمكن الإسرائيليون والفلسطينيون من الاختلاط والتمتع بحرية الحركة بين الجانبين الشرقي والغربي للمدينة .

ثانياً، بما أن اقتلاع مئات الآلاف من الإسرائيليين أو الفلسطينيين من أماكن إقامتهم الحالية أمر مستحيل، فستكون هناك حاجة إلى تعاون واسع النطاق فيما يتعلق بالأمن والتنمية الاقتصادية، الأمر الذي ثالثا، يجب أن يكون الناس والبضائع قادرين على التحرك بحرية في كلا الاتجاهين، وهو أمر يقتضيه في كل الأحوال القرب الشديد بين سكان كل منهما. ومع ذلك، فإن هذه الحركة الحرة لا تنتهك استقلالهما المتبادل، ولكنها ببساطة ستؤدي إلى توسيع مستوى التعاون على العديد من المستويات الأخرى .

وفي ظل هذا السيناريو، ستكون هناك حاجة للتمييز بين الجنسية والإقامة الدائمة. يمكن للإسرائيليين الذين يعيشون في الضفة الغربية التصويت أو الترشح في إسرائيل مع الاحتفاظ بالإقامة الدائمة في الضفة الغربية، بشرط التزامهم بالقوانين والأوامر المحلية. وينطبق الشيء نفسه على الفلسطينيين، وخاصة أولئكالذين يعيشون في القدس الشرقية. (هذا لا ينطبق علىعرب إسرائيل، وهم مواطنون إسرائيليون يمكنهم التصويت والانتخاب في دولة إسرائيل.) وللحفاظ على الهوية القومية اليهودية لإسرائيل وهوية فلسطين، لن يُسمح بالتخلي عن جنسية الآخر إلا في أحوال نادرة، مثل حالة الزواج المختلط .

إذا كانت إسرائيل راغبة في الحفاظ على ديمقراطيتها وهويتها القومية اليهودية، فليس هناك صيغة أخرى قابلة للتطبيق يمكّنها الحفاظ على ذلك. إن الإيحاء بأن إسرائيل قادرة على إبقاء الاحتلال العسكري بمجموعات مختلفة من القوانين والقواعد

---

[3] تضم الكتل الاستيطانية الثلاث المذكورة في الوضع الحالي 80% من إجمالي المستوطنين اليهود في الضفة الغربية؛أما المستوطنات المتبقية باستثناء آرييل (التي لديها عدد سكان راكد) فهيصغيرة جدًا بشكل فردي وتشكل 20 بالمائة فقط من إجمالي عدد المستوطنين.

للفلسطينيين والإسرائيليين اليهود هو وهم. لن يتنازل الفلسطينيون أبداً عن حقهم في دولة خاصة بهم بصرف النظر عن مدى إحسانالحكومة الإسرائيلية، وخاصة وأنهم ما زالوا يتمتعون بالدعم الساحق من المجتمع الدولي.

لقد خلص بعض الإسرائيليين وعدد متزايد من الفلسطينيين إلى أن الحل الوحيد للصراع لابد أن يعتمد الآن على *إنشاء دولة واحدة*، وذلك نظراً للواقع الذي لا رجعة فيه بالنسبة للسكان الإسرائيليين والفلسطينيين المتداخلين مع بعضهم البعض، وخاصة في الضفة الغربية والقدس.وفي حين أن هذا قد يبدو ظاهريًا هو الحل الأكثر عملية، إلا أنه لا توجد ظروف قد توافق إسرائيل في ظلها على مثل هذه النتيجة، لأنها ستتحدى السبب وراء إنشاء دولة إسرائيل في المقام الأول.لقد تصور مؤسسو إسرائيل وجود دولة يهودية وديمقراطية توفر ملجأ لجميع اليهود كحل لإنهاء الاضطهاد والتمييز والطرد المستمر منذ آلاف السنين والذي بلغ ذروته بالتدمير شبه الكامل لجميع يهود أوروبا خلال الحرب العالمية الثانية. وعلى أية حال، فيظل سيناريو الدولة الواحدة لن يتم الحفاظ على ديمقراطية إسرائيل والهوية اليهودية، ولهذا السبب، لم ولن تفكر أي حكومة إسرائيلية بجدية في فكرة حل الدولة الواحدة.

سيشكل ما يقرب من 3.1 مليون فلسطيني في الضفة الغربية و1.6 مليون عربي إسرائيلي حوالي 45% من إجمالي السكان اليهود والعرب الإسرائيليين والفلسطينيين. وإذا أضفنا الفلسطينيين في غزة، فإن العدد الإجمالي للفلسطينيين والعرب الإسرائيليين سيكون قريباً من عدد اليهود الإسرائيليين. وعلى الرغم من أن معدل الخصوبة اليهودي قد تجاوز الآن معدل العرب لأول مرة، بمتوسط 3.1 لكل امرأة يهودية مقابل 3 لكل امرأة عربية إسرائيلية،[4] فإن ذلك لا يغير كثيرًا القنبلة الديموغرافية الموقوتة (أرلوسوروف 2021، وأبو تؤامة 2020). في الواقع، حتى بدون وجود الفلسطينيين في غزة، فإن أقلية تبلغ حوالي 50% تجعل من المستحيل الحفاظ على الطابع القومي اليهودي لإسرائيل دون انتهاك الحقوق الإنسانية والسياسية للفلسطينيين.

ويظهر النمو الديموغرافي المتوقع لكلا المجتمعين بوضوح أن الفلسطينيين سيصبحون الأغلبية الحاكمة في غضون أقل من عقد من الزمن. وكما هو الحال، لم تستطيع إسرائيل تشكيل حكومة جديدة بعد ثلاث جولات من الانتخابات دون دعوة حزب عربي إسرائيلي واحد للانضمام إلى الحكومة الائتلافية الحالية. وإذا أرادت إسرائيل الحفاظ على ديمقراطيتها ومنحت كل إسرائيلي وفلسطيني حق التصويت، فإن ذلك من شأنه أن يمحو الهوية القومية اليهودية للدولة، وهو ما ترفض الغالبية العظمى من اليهود في إسرائيل السماح به. وإذا اختارت إسرائيل بدلاً من ذلك حماية هويتها القومية اليهودية ورفضت منح الفلسطينيين حق التصويت في ظل دولة واحدة، فإنها ستصبح عندئذ دولة فصل عنصري بشكل لا لبس فيه.

---

4 معدل الخصوبة بين الفلسطينيين هو 3.8 في الضفة الغربية و 3.9 في قطاع غزة.

تريد الأغلبية النسبية من الإسرائيليين السيطرة على الضفة الغربية إلى أجل غير مسمى، إن لم يكن ضم معظمها بشكل مباشر ومنع إنشاء دولة فلسطينية، وتخطط للحفاظ على الوضع الراهن من خلال الاستمرار في استخدام مجموعتين من القوانين. اليهود الإسرائيليون الذين يعيشون في الضفة الغربية هم مواطنون إسرائيليون كاملو العضوية ويخضعون للقوانين الإسرائيلية، بينما يخضع الفلسطينيون في الضفة الغربية للقوانين والأوامر العسكرية مع كل القيود التي تنطوي عليها، بما في ذلك تقييد الحقوق المدنية وحرية التنقل والاعتقالات وعمليات التفتيش والمصادرة التعسفية، من بين أمور أخرى.

إن رئيس الوزراء الإسرائيلي الجديد نفتالي بينيت الذي يعارض بشكل علني وحازم إنشاء دولة فلسطينية ويريد إبقاء الفلسطينيين تحت السيطرة، يتخذ تدابير مختلفة لجعل الاحتلال قمعيا بشكل متزايد، على أمل أن يستقر الفلسطينيون في نهاية المطاف على الوضع الراهن ويقبلون بنصيبهم في ظل احتلال أكثر إحسانًا. وهذا النوع من حل "الدولة الواحدة" الذي تريد الأحزاب الإسرائيلية اليمينية إدامته هو أمر غير واقعي. لن يقبل العديد من الفلسطينيين حل الدولة الواحدة إلا إذا مُنحوا نفس الحقوق التي يتمتع بها اليهود الإسرائيليون في ظل شكل ديمقراطي من الحكم، مدركينبأنه سينتهي بهم الأمر إلى أن يصبحوا السلطة الحاكمة على مدى بضع سنوات، وهو أمر غير مقبول تماما للغالبية العظمى من الإسرائيليين.

ولكن بموجب مفهوم الكونفدرالية، يستطيع الفلسطينيون تحقيق تطلعاتهم إلى دولة مستقلة خاصة بهم دون أي إجحافبإسرائيل، ويمكن لإسرائيل أن تحافظ على استقلالها كدولة ديمقراطية ذات أغلبية يهودية مستدامة.

لا شك أن التداخل بين الإسرائيليين والفلسطينيين يشكل حقيقة لا يمكن طمسها. وبما أن اقتلاع أي عدد كبير من الإسرائيليين أو الفلسطينيين من أماكن إقامتهم الحالية أمر غير مقبول من قبل أي من الجانبين، وهو في الواقع مستحيل، *فإن الكونفدرالية فقط هي التي ستسمح بمواصلة التداخل الحالي للسكان بعضهم ببعض مع الحفاظ على استقلال الدولتين الإسرائيلية والفلسطينية.*

الحدود

بالنظر إلى تداخل السكان الإسرائيليين والفلسطينيين بعضهم ببعض، فإن الحدود السياسية النهائية سيتم تحديدها من خلال اتفاق متبادل على أساس التصرف في المستوطنات ومدى تبادل الأراضي للتعويض عن المستوطنات التي ستبقى خارج الخط الأخضر (حدود الرابع من حزيران/يونيو 1967) والخط السياسي الذي سيتم تحديده بين القدس الشرقية والغربية. والحجة الإسرائيلية بأن الحدود الصلبة ضرورية للدفاع والأمن لا تكون ذات جدوى إلا بقدر وجود صراع عنيف مستمر. وعلى أية حال، فبمجرد انتهاء الصراع وإنشاء جهاز أمني مشترك شامل، يصبح من المنطقي بعد فترة من 5 إلى 7 سنوات من المصالحة أن تصبح الحدود "الصلبة"، أي الثابتة

غير ضرورية، خاصة بسبب السكان المتداخلين مع بعضهم البعض في الضفة الغربية (بما في ذلك المستوطنات) والقدس مع وجود الأجهزة الأمنية المتشابكة.

وفي سياق الحدود النهائية، ربما كان من الضروري تحرير أولئك من وهمهم الذين يزعمون أن الأردن دولة فلسطينية وأن أي حل للصراع الإسرائيلي ـ الفلسطيني لابد أن يُحل في هذا السياق، لأنه مجرد تفكير بالتمني. فمنذ أن وقعت إسرائيل والأردن اتفاقية السلام عام 1994، *لم يدّعي أي مسؤول إسرائيلي على الإطلاق أن الأردن هو فلسطين*. ولكن في هذه المرحلة، فإن هذه الفكرة ليست ذات صلة لأن مفهوم الكونفدرالية يشمل الأردن كدولة ثالثة في الكونفدرالية المستقبلية. ويرجع ذلك إلى عوامل كثيرة، بما في ذلك حدود الأردن المشتركة مع إسرائيل والضفة الغربية، والمخاوف الأمنية المتبادلة، خاصة في وادي الأردن، وتركيبة السكان الأردنيين (حوالي 55 بالمائة منهم فلسطينيون) وعلاقتهم بالفلسطينيين في الضفة الغربية وقطاع غزة والعلاقات التجارية بين الأردن وإسرائيل، وبين الأردن والضفة الغربية، ووصاية الأردن على الأماكن الإسلامية المقدسة (الحرم الشريف) في القدس.

وفي إطار الكونفدرالية، ستكون معالم الحدود النهائية بين إسرائيل وفلسطين ذات طبيعة سياسية وتظهر على الخرائط فقط. وسوف تعتمد الفترة الزمنية للانتقال من الحدود "الثابتة" إلى الحدود "الرخوة" على التفاعلات المرتقبة بين الجانبين على العديد من المستويات، بما في ذلك العلاقات التجارية، والتطورات الاقتصادية، والسياحة، وتعزيز الثقة التي تقع في قلب عملية المصالحة.

الأمن

لأسباب واضحة يشكل الأمن القومي الإسرائيلي وشعور الفلسطينيين بانعدام الأمن مصدراً للقلق الشديد لدى الجانبين، وخاصة أنهما مرتبطان بشكل مباشر. ولذلك، فإن التعاون الأمني أمر أساسي في أي اتفاق سلام. وحتى الآن، هناك تعاون أمني واسع النطاق (مثل تبادل المعلومات الاستخبارية والقبض على الإرهابيين المحتملين والتنسيق بين قوات الأمن) والذي يجب توسيعه بشكل أكبر تحت مظلة الكونفدرالية. هناك العديد من الإسرائيليين الذين يعتقدون أنه بغض النظر عن معالم الحدود المتفق عليها بشكل متبادل والترتيبات الأمنية الحالية، وحتى تلك التي ستتم في المستقبل، فإن الفلسطينيين سوف يستمرون في النضال من أجل استعادة كل الأراضي، من البحر الأبيض المتوسط إلى نهر الأردن. وحتى لو كان هذا صحيحاً، فبأي وسيلة، عسكرية أو غير ذلك، يمكنهم في الواقع إخراج إسرائيل من الوجود؟ إن هؤلاء الإسرائيليين الذين لا يريدون التخلي عن احتلال الضفة الغربية غالباً ما يستخدمون الأمن القومي باعتباره الأساس المنطقي وراء معارضتهم المستمرة لإنشاء دولة فلسطينية، ولو أن أي اتفاق سلام يجب أن يرتكز على تعاون أمني قوي بين الجانبين.

ومن المهم للغاية بالنسبة للفلسطينيين أن يفهموا أنه على الرغم من حقيقة أن إسرائيل هي أقوى دولة في المنطقة بفضل قوتها العسكرية الهائلة وقدرتها النووية التشغيلية (وبالتالي قدرتها على مواجهة أي تهديد تقريبًا)، فإن الإسرائيليين ما زال لديهم

الشعور بالضعف الوجودي. ويمكن إرجاع ذلك إلى تجارب اليهود التاريخية ككبش فداء وأقلية مضطهدة في جميع أنحاء أوروبا والشرق الأوسط وشمال أفريقيا. إن الاضطهاد المنهجي لليهود، وخاصة في أوروبا، والذي بلغ ذروته في الهولوكوست حيث قُتل ستة ملايين يهودي، ترك بصمة لا تمحى على كل يهودي، ولا تزال تطاردهم تلك الكارثة التي لا يمكن تصورها حتى يومنا هذا.

وبالتالي، فإن المخاوف بشأن الأمن القومي الإسرائيلي متأصلة نفسياً، ولا تعمل براعتها العسكرية ولا الضمانات الخارجية لحماية أمنها، بما في ذلك من الولايات المتحدة، على تهدئة هذه المخاوف بشكل كامل. ولهذا السبب، تأخذ إسرائيل على محمل الجد حقيقة أن هناك شريحة كبيرة من السكان الفلسطينيين، وخاصة حماس والجهاد الإسلامي، والتي لا تزال تهدد وجود إسرائيل ذاته.[5] وبغض النظر عن مدى حقيقة أو المبالغة في مثل هذه التهديدات، فإن هذا لا يشكل أي فرق يذكر، لأن إسرائيل لا تأخذ أي شيء مضمون عندما يتعلق الأمر بأمنها القومي.

كان الرفض الأولي الذي أبداه الفلسطينيون، ومعهم الدول العربية، لإقامة دولة يهودية، والتهديدات الوجودية المستمرة التي يشكلها المتطرفون الفلسطينيون، سبباً في تعزيز المخاوف الأمنية الوطنية لإسرائيل. وفي العديد من النواحي، كانت الانتفاضة الثانية في عام 2000 بمثابة نقطة تحول بالنسبة لأغلب الإسرائيليين حيث اندلعت مباشرة في أعقاب مفاوضات السلام الفاشلة في كامب ديفيد والتي أجرتها إسرائيل بحسن نية، وحيث تم التعامل مع إنشاء دولة فلسطينية كأمر مسلم به. وقد أدى هذا إلى ظهور فكرة بين العديد من الإسرائيليين مفادها أنه *لا يمكن الوثوق بالفلسطينيين أبدًا وأن هدفهم النهائي هو تصفية إسرائيل*، وبالتالي يجب إخضاعهم بشكل دائم ومعاملتهم بقبضة من حديد. وعلى العكس من ذلك، ليس من المنطقي ولا العملي أن تسمح أي حكومة لدولة فلسطينية مستقلة لأي أفراد أو جماعات متطرفة بتهديد إسرائيل. هم يدركون تمام الإدراك أن إسرائيل قادرة على دخول الضفة الغربية متى شاءت وفرض قيود قاسية جديدة من شأنها أن تعرض استقلال البلاد للخطر الشديد. وهذه هي نتيجة محتملة التي لن ترغب أي حكومة فلسطينية في حدوثها على الإطلاق، لأنه بمجرد حصول الفلسطينيين على استقلالهم، فإنهم لن يرغبوا في القيام بأي شيء من أجل التنازل عن ذلك - وهو ما يعمل بالكامل لصالح إسرائيل من منظور أمني.

وما فشل الإسرائيليون في فهمه على أية حال هو أنهم في سعيهم لتحقيق أمن مطلق، جعلوا الفلسطينين غير آمنين على الإطلاق. وفي أعقاب الانتفاضة الأولى التي اندلعت عام 1987، اتبعت إسرائيل سياسات قاسية تجاه الفلسطينيين بسبب شعورهم بعدم الأمان، والذي اشتد بشكل كبير بعد الانتفاضة الثانية. ونتيجة لذلك، انخرطت إسرائيل في أنشطة أمنية أدت إلى انتهاكات لحقوق الإنسان، الأمر الذي جعل الفلسطينيين يشعرون بمزيد من القمع والإذلال والضعف. وشملت هذه الانتهاكات مداهمات ليلية ضد الإرهابيين الفلسطينيين المشتبه بهم، والإعتقال غير المبرر لأشهر

---

[5] فبينما يسعى موقف حماس العلني إلى تدمير إسرائيل، يعترف قادة حماس سراً بأن إسرائيل موجودة لتبقى.

وحتى سنوات دون محاكمة، وتقييد الحركة، وهدم المنازل، واقتلاع بساتين الزيتون على يد المستوطنين المتطرفين والضم الزاحف للأراضي الفلسطينية لإفساح المجال لتوسيع المستوطنات.

ولا يزال الإسرائيليون يبررون هذه الانتهاكات وغيرها باسم الأمن القومي، في حين أنه في الواقع أصبح من الواضح بشكل متزايد أن الحكومات الإسرائيلية المتعاقبة كانت تنتهج سياسة التوسع الإقليمي من خلال بناء المزيد من المستوطنات في جميع أنحاء الضفة الغربية. وبطبيعة الحال، أدت هذه السياسة إلى تفاقم عدم ثقة الفلسطينيين في الإسرائيليين، وعمقت قناعتهم بأن إسرائيل لن تسمح بإقامة دولة فلسطينية. وقد أدلى رئيس الوزراء السابق نتنياهو بتصريحات بهذا المعنى صراحة في عدد من المناسبات، وتم التعبير عنها صراحة من قبل رئيس الوزراء الحالي نفتاليبينيت.[6] ولا يعارض بينيت إقامة دولة فلسطينية فحسب، بل سبق له أن دعا إلى ضم المنطقة ج في الضفة الغربية، والتي تشكل 60 في المائة من كامل الأراضي الفلسطينية (لازاروف 2020).

إحدى القضايا الأمنية المركزية هي حماية وادي الأردن. وبينما تصر إسرائيل على الحفاظ على قواتها الأمنية على طول نهر الأردن، رفض الفلسطينيون ذلك لأنهم يعتبرون وادي الأردن جزءًا لا يتجزأ من الدولة الفلسطينية المستقبلية. وبالنظر إلى أن الأردن سيصبح الدولة الثالثة في الاتحاد الكونفدرالي ويشارك بالفعل في وفيما يتعلق بأمن الحدود مع إسرائيل، فإن حل أمن وادي الأردن سوف يعتمد على التعاون الكامل بين الدول الثلاث الأعضاء في الاتحاد، حتى قبل انضمام الأردن رسميًا. من المؤكد أن إسرائيل ستصر على مثل هذا الترتيب، ولا يوجد دليل على أن الفلسطينيين أو الأردن سوف يعترضان بشكل قاطع على ذلك. ومثل هذا الترتيب من شأنه أن يمنع تسلل الإرهابيين وتهريب الأسلحة، ويحمي الحدود الخارجية الأوسع من التهديدات القادمة من سوريا وحزب الله وإيران التي تشكل مصدر قلق كبير لإسرائيل والأردن وكذلك للفلسطينيين.

التعاون في جميع المسائل الأمنية أمر ضروري؛ وستتعرض إسرائيل لضغوط شديدة لتقديم أي تنازلات كبيرة ما لم تقتنع بأن أمنها القومي لن يتعرض للخطر. ومن ناحية أخرى، سيحتفظ الفلسطينيون بالسيادة على غور الأردن في حين سيستفيدون من شعور إسرائيل المعزز بالأمن إذا أخذوا جميع التدابير الأمنية على محمل الجد وأوقفوا تهديداتهم، لأنه كلما شعرت إسرائيل بأنها أكثر أمانا، كلما أصبحت أكثر تساهلاً واستيعاباً.

---

[6] عندما سُئل من قبل موقع الأخبار الإسرائيلي السابق NRG في عام 2015 عما إذا كانت لن تكون هناك دولة فلسطينية إذا كان رئيسًا للوزراء، أجاب نتنياهو "بالفعل."صرح نفتالي بينيت مؤخرًا في يناير/كانون الثاني 2020 قائلاً: "... سوف نطبق السيادة [الإسرائيلية] على كامل المنطقة (ج)، وليس فقط المستوطنات..."، على الرغم من أنه صرح منذ أن أصبح رئيسًا للوزراء أنه لن يكون هناك تغيير في الوضع الإقليمي الراهن في ظلحكومته الحالية. (بريتمان 2015، ولازاروف 2020، وكامبيس 2021).

ويجب أن تكون الدولة الفلسطينية المنشأة حديثاً منزوعة السلاح. لا يحتاج الفلسطينيون إلى أي قوات عسكرية لثلاثة أسباب: أولاً، لا يوجد عدو إقليمي قد يهدد الدولة الفلسطينية، وخاصة بعد إنشاء الاتحاد الكونفدرالي الإسرائيلي - الفلسطيني - الأردني. ثانياً، بغض النظر عن مدى قوة مثل هذه المؤسسة العسكرية الفلسطينية، فإنها *لن تكون أبداً* في وضع يسمح لها بالتغلب على المؤسسة العسكرية الإسرائيلية، حيث ستحتفظ إسرائيل دائماً بتفوق عسكري في المنطقة لا يستطيع أي عدو أو مجموعة من الأعداء التغلب عليها. ثالثاً، لا يملك الفلسطينيون الوسائل المالية لتجنيد وتجهيز جيش مهما كان صغيراً. علاوة على ذلك، أيد رئيس السلطة الفلسطينية محمود عباس في عدد من المناسبات تجريد الدولة الفلسطينية المستقبلية من السلاح تحت إشراف قوات الدفاع الإسرائيلية لمدة 5 سنوات، مع إدارة الأمن من قبل قوات الناتو بقيادة الولايات المتحدة إلى أجل غير مسمى (Rudoren 2014). ومع ذلك، ستحتفظ الدولة الفلسطينية بقوات الأمن شبه العسكرية الموجودة لديها وتتعامل مع أي تهديد خارجي بالاشتراك مع الجيشين الإسرائيلي والأردني.

ولتحقيق هذه الغاية، يتعين على الدولة الفلسطينية المستقبلية أن تعمل بشكل كبير على تعزيز أجهزتها الأمنية الداخلية والعمل بشكل وثيق للغاية مع إسرائيل لمنع المتطرفين من أي من الجانبين من ارتكاب أعمال عنف ضد الطرف الآخر. ومثل هذا التعاون الكامل في كافة المسائل الأمنية *لا يمكن أن يتم إلا في سياق الكونفدرالية*. ولهذا السبب، ينبغي أن يشمل تعاونهم تبادل المعلومات الاستخباريةوالقيام بعمليات مشتركة لمنع الهجمات العنيفة من قبل أفراد أو مجموعات من أي من الجانبين، ووضع قواعد الاشتباك لمنع الاشتباكات العرضية بين قوات الأمن الخاصة بكل منهما.

وأخيرا، فإن هؤلاء الإسرائيليين الذين يريدون الإبقاء على الاحتلال كثيراً ما يستشهدون بما حدث في غزة بعد الانسحاب الإسرائيلي في عام 2005. فهم يزعمون أنه بمجرد أن يتولى الفلسطينيون السيطرة الكاملة على الضفة الغربية، فإنهم سوف يتبعون خطى حماس ويهددون المراكز الحضرية الإسرائيلية بالصواريخ والقذائفوإلحاق الدمار بالسكان الإسرائيليين. ومع ذلك، هذه الحجة مضللة للغاية. وخلافاً للانسحاب الإسرائيلي من غزة، الذي تم على عجل ودون أي ترتيبات أمنية أو حتى اتفاق مع السلطة الفلسطينية التي كانت تحكم غزة في ذلك الوقت، *فإن إسرائيل لن تنهي احتلال الضفة الغربية دون ترتيبات أمنية حديدية مع السلطة الفلسطينية*. علاوة على ذلك، لا ينبغي التفكير في أي انسحاب قبل الدخول في عملية مصالحة لعدة سنوات لبناء الجسور في جميع مجالات الحياة وتخفيف حالة عدم الثقة والكراهية القائمة بين الجانبين. وكما ذكرنا أعلاه، وعلى عكس الوضع الذي كان سائداً في غزة، يوجد بالفعل تعاون أمني كبير بين إسرائيل والسلطة الفلسطينية، والذي لن يتوسع إلا تحت مظلة الكونفدرالية.

القدس

إن مفهوم الكونفدرالية الإسرائيلية - الفلسطينية - الأردنية ينطبق تماماً على القدس. فالقدس فريدة من نوعها من حيث أن الإسرائيليين والفلسطينيين – والعديد من اليهود

والمسلمين والمسيحيين حول العالم – لديهم صلة خاصة بالمدينة. وهناك ثلاثة عوامل رئيسية تشهد على تفرد المدينة، وبالتالي ضرورة التعاون الكامل بين الدول الأعضاء الثلاثة.

أولاً، تضم القدس الشرقية أكبر مجتمع يهودي عربي مختلط في أي مكان في العالم، حيث يضم ما يقرب من 330 ألف عربي و215 ألف إسرائيلي. وعلى الرغم من أن غالبية الفلسطينيين يعيشون في القدس الشرقية، إلا أنهم يتحركون بحرية عبر المدينة شرقًا وغربًا وفي جميع أنحاء إسرائيل. ويختلط الإسرائيليون والفلسطينيون ويتعاملون بانتظام في جميع أنحاء المدينة، ولا يتوقع أي من الطرفين أن يتغير ذلك في ظل أي اتفاق سلام.

ثانيا، البنية التحتية والخدمات في المدينة - الطرق والشبكة الكهربائية والاتصالات والصيانة - كلها متكاملة تماما. وببساطة، لا توجد طريقة يمكن من خلالها تغيير هذه الخدمات والترابط بين الجانبين بأي طريقة ذات أهمية. وفي الواقع، لا إسرائيل ولا الفلسطينيون يريدون تقسيم المدينة فعلياً، بغض النظر عن وضعها السياسي النهائي.

ثالثا، القدس هي موطن لأقدس مقام لليهود، الحائط الغربي (السور الخارجي للهيكل الثاني) وثالث أقدس المقدسات الإسلامية حيث المسجد الأقصى وقبة الصخرة (الحرم الشريف) وأقدس الأماكن في المسيحية داخل كنيسة القيامة. تحترم الديانات الإبراهيمية الثلاث الارتباط الديني لبعضها البعض بالمدينة. إن حقيقة أن الأماكن المقدسة اليهودية والعربية متاخمة لبعضها البعض، وعدم إمكانية حدوث أي تغيير مادي، تشير إلى أنه ستكون هناك دائمًا حاجة إلى التعاون الكامل في مجالات الأمن والسياحة والوصول إلى جميع الأماكن المقدسة وتحسينها. لن يسمح أي من الأعضاء المحتملين في الاتحاد، تحت أي ظرف من الظروف، بأي تغيير مادي من شأنه أن يغير الوضع الراهن.

وبينما تدعي إسرائيل أن القدس بأكملها، شرقها وغربها، هي عاصمة إسرائيل بناء على ادعاءات توراتية وتاريخية، فإن للفلسطينيين أيضا ادعاءات دينية تستند إلى "الإسراء" القرآني عندما توقف النبي محمد في القدس في طريقه إلى السماء، ويصرون على أن القدس الشرقية يجب أن تكون عاصمة دولتهم المستقبلية. ومع ذلك، وبالنظر إلى أن المدينة ستبقى موحدة مادياً تحت أي ظرف من الظروف، وأن غالبية السكان في الشطر القديم من القدس الشرقية هم من الفلسطينيين، فمن المنطقي من الناحية العملية أيضاً أن يكون للفلسطينيين رأي في إدارة القدس الشرقية.

وبموجب الإطار الكونفدرالي، سيكون للقدس الشرقية والغربية بلديات مستقلة تتمتع بصلاحيات إدارية خاصة بها. وستكون القدس الشرقية عاصمة الدولة الفلسطينية والقدس الغربية عاصمة إسرائيل، وسيتم إنشاء لجنة إسرائيلية - فلسطينية مشتركة تغطي كامل القدس للتعامل مع أي قضايا أو خدمات لها تأثير على شطري المدينة. ويشمل ذلك الكهرباء والمياه والخدمات البلدية الأخرى والجرائم العابرة للحدود، ومشاريع التنمية التي تؤثر على جانبي المدينة، على سبيل المثال لا الحصر.

ينبغي أن تعمل اللجنة على أساس مشورة وموافقة أعضائها. يجب أن تتناوب رئاسة اللجنة بين إسرائيلي وفلسطيني لفترة يتم الاتفاق عليها بشكل متبادل. ويجب أن يتمتع هؤلاء المفوضون بخبرة خاصة في القضايا ذات الأهمية للمدينة، بما في ذلك تطبيق القانون والهندسة المدنية والصحة العامة والنقل، وغيرها. ويتم تحديد عدد المفوضين وواجباتهم ومسؤولياتهم المعلنة بالاتفاق المتبادل. وستكون للجنة تفويض واضح ومحدد جيدًا لضمان عدم تمكن *أي من الطرفين من انتهاك استقلال ومسؤوليات البلدية التابعة للطرف الآخر.*

وفي هذا الصدد، منذ أن احتلت إسرائيل القدس الشرقية في عام 1967 ظلت المملكة الأردنية الهاشمية، ولا تزال، تحافظ على وصاية الأماكن المقدسة الإسلامية، على الحرم الشريف وإدارته. وبما أن الأردن سيصبح الدولة الثالثة في الاتحاد، فسوف يستمر في إدارة الأماكن الإسلامية بينما تستمر إسرائيل في الحفاظ على سيطرتها على الحائط الغربي. أي أنه تحت أي ظرف من الظروف، سيتعين على الأطراف الثلاثة التعاون والعمل بشكل وثيق لضمان الأمن والتطوير المستقبلي لهذه المواقع، بما في ذلك التنقيب دون المساس بالمزارات الخاصة بكل منها. وكجزء من ذلك، سيتم إنشاء مجلس ديني يضم اليهودية والإسلام والمسيحية للتعامل مع مختلف القضايا المتعلقة بهيمنتهم الدينية على مقاماتهم المقدسة.

وبموجب الإطار الكونفدرالي، سيتعين على إسرائيل أن تقبل بأن يقيم الفلسطينيون عاصمتهم في القدس الشرقية، *بينما سيبقى جميع اليهود الإسرائيليين الذين يعيشون على الجانب الشرقي من المدينة في أماكنهم.* في الواقع، فإن اعتراف إدارة ترامب الرسمي بالقدس عاصمة لإسرائيل ينص بوضوح على أننا "لا نتخذ موقفا بشأن أي قضايا الوضع النهائي، بما في ذلك الحدود المحددة للسيادة الإسرائيلية في القدس، أو حل الحدود المتنازع عليها. هذه الأسئلة متروكة للأطراف المعنية" (ترامب 2017).

هناك العديد من الإسرائيليين، وربما الأغلبية، الذين يصرون على أن إسرائيل لن تتخلى أبدا عن سيادتها على القدس الشرقية، سواء كان ذلك لأسباب توراتية أو تاريخية.[7] ويرى هؤلاء أن العاصمة المستقبلية للفلسطينيين يجب أن تنشأ إما في أبو ديس، على مشارف القدس، أو في سلوان، التي سيتم دمجها في القدس الكبرى. لقد رفض الفلسطينيون هذه المقترحات فورًا، ولن يتخلوا تحت أي ظرف من الظروف عن سعيهم لجعل القدس الشرقية عاصمة لدولتهم المستقبلية، خاصة أنهم يحظون بدعم الدول العربية. في الواقع، على الرغم من اتفاقيات التطبيع بين إسرائيل ومختلف الدول العربية، لا تزال الدول العربية تصر على أن عاصمة الدولة الفلسطينية يجب أن تكون القدس الشرقية، التي يجب أن تصبح جزءا لا يتجزأ من الدولة الفلسطينية. القدس بمثابة رمز مهم للغاية للعالم العربي ككل. ومع ذلك، ستبقى المدينة مفتوحة

---

[7] ومع ذلك، فإن غالبية هؤلاء الإسرائيليين الذين يطلقون ادعاءات توراتية أو تاريخية لا يعتبرون أيضًا معظم القرى الفلسطينية الثمانية عشر التي تم دمجها في المدينة بعد عام 1967 بأنها جزءًا لا يتجزأ من القدس.

تمامًا أمام الإسرائيليين والفلسطينيين للتحرك بحرية في كلا الاتجاهين، وهو ما يمثل في جوهره استمرارًا للوضع الراهن.

ونظراً لحقيقة أن القدس هي موطن أكبر مجتمع يهودي - فلسطيني مختلط، وبما أن المدينة ستبقى موحدة تحت أي ظرف من الظروف، فإن القدس ستصبح نموذجاً مصغراً للتعايش الإسرائيلي الفلسطيني. لقد كان الأمر كذلك منذ استولت إسرائيل على القدس الشرقية في عام 1967. وبالتالي، إذا كان التعايش السلمي أمراً لا بد منه في القدس، فمن المؤكد أنه يمكن تطبيقه في الضفة الغربية، حتى في حالة الخليل حيث يوجد عدد قليل من المستوطنين (مثل كل المستوطنين الآخرين اللذين لن يتم نقلهم إلى إسرائيل نفسها) واللذين سوف يتقيدون بالقوانين المحلية، وإن كان مع بعض التوتر الذي سوف ينحسر بالتأكيد في الوقت المناسب *في ظل ظروف السلام وتحت مظلة الكونفدرالية*.

اللاجئون الفلسطينيون

على الرغم من أن حل قضية اللاجئين الفلسطينيين لا يرتبط بشكل مباشر بالكونفدرالية، إلا أنه لن يكون هناك حل للصراع الإسرائيلي الفلسطيني حتى تتم تسوية هذه القضية المؤلمة والمزعجة بفعالية وتنفيذ نهائيين. جعل القادة الفلسطينيون لأكثر من سبعة عقود مشكلة اللاجئين في مقدمة ومركز الصراع مع إسرائيل، في حين انخرطوا بشكل منهجي في روايات أشبعت الجمهور بفكرة مفادها أن حق اللاجئين الفلسطينيين في العودة *شرط لا غنى عنه* لإيجاد حل سلمي.

ومن خلال المفاوضات السابقة التي تعود إلى منتصف التسعينيات، أوضحت إسرائيل تمامًا (وقد فهمت السلطة الفلسطينية واعترفت، وإن لم يكن علنًا) أن إسرائيل لن تسمح تحت أي ظرف من الظروف بعودة أي عدد كبير من اللاجئين - فقط عودة رمزية على الأكثر لبضعة آلاف (ربما 25.000 إلى 30.000) في إطار لم شمل الأسرة. وكما ترى إسرائيل، فإن عودة اللاجئين من شأنها أن تمحو ديموغرافياً الطابع القومي اليهودي للدولة، وهو سبب وجود إسرائيل.

ومع ذلك، فإن المشكلة تكمن في أن القادة الفلسطينيين ظلوا يروجون بشكل مستمر وعلني لحق العودة، بغض النظر عن مدى تضليله. يواصل الفلسطينيون من جميع المشارب السياسية دعم حق العودة لأنهم يعتبرونه الغراء الذي يبقي جميع الفلسطينيين "متحدين". في الواقع، استغل القادة الفلسطينيون باستمرار حق العودة الذي أصبح أكثر من مجرد شعار لحشد الناس حول قضية عاطفية وجعلها محورًا لأجندتهم السياسية. وكان كل زعيم فلسطيني، بدءاً من ياسر عرفات، يعلم جيداً أنه يضلل شعبه وأن حق العودة، كما وصفه الزعماء الفلسطينيون، لن يتحقق أبداً.

لقد حان الوقت للفلسطينيين أن يحرروا أنفسهم من فكرة حق العودة *كما يتصورونها حالياً*. وبدلا من ذلك، يجب على الفلسطينيين إعادة تعريف حق العودة - ليس إلى البلدات والقرى المحددة (وفي بعض الادعاءات، المنازل المحددة) التي فروا منها هم وأسلافهم، ولكن العودة إلى دولة فلسطين بشكل عامالتي تتماشى مع المبدأ القانوني

الدولي لحق العودة، الذي يمنح الفرد العودة إلى "وطنه". وفي الواقع، يرى 29 في المئة فقط من الفلسطينيين أن "حق عودة اللاجئين إلى مدنهم وقراهم عام 1948" كهدف مهم (المركز الفلسطيني للبحوث السياسية والمسحية 2018). ولا يحتفظ القادة الفلسطينيون بهذا الأمر إلا كهدف للحفاظ على زخمهم، مدركين أنه لن يتحقق أبدًا، ويستخدمونه كورقة مساومة في المفاوضات المستقبلية. يكمن حل قضية اللاجئين، كما هو الحال دائمًا، في التعويض و/أو إعادة التوطين، معظمها في الضفة الغربية وقطاع غزة (بأعداد أقل نسبيًا)، وتقديم تعويضات لأولئك *الذين يختارون عدم الانتقال*، سواء كانوا في لبنان أو سوريا أو الأردن أو خارجها.

بالإضافة إلى ذلك، يتماشى هذا مع قرار الجمعية العامة للأمم المتحدة رقم 194 (1948)، الذي ينص على أنه "ينبغي السماح للاجئين الراغبين في العودة إلى ديارهم والعيش بسلام مع جيرانهم بالقيام بذلك في أقرب وقت ممكن، وينبغي دفع التعويضات عن ممتلكات لأولئك الذين يختارون عدم العودة وعن فقدان أو تلف الممتلكات التي ينبغي، بموجب مبادئ القانون الدولي أو الإنصاف، إصلاحها من قبل الحكومات أو السلطات المسؤولة،" [التأكيد مضاف] والذي دأبت منظمة التحرير الفلسطينية منذ فترة طويلة عليه واستشهدت به كأساس لحق العودة.[8]

ونظراً لمعارضة حماس الطويلة الأمد لدولة إسرائيل، فلن يكون لغزة أي تأثير على هذا الترتيب. ومع ذلك، إذا تخلت حماس عن فكرة العودة، فيجب توفير التمويل (من إجمالي الأموال التي سيتم جمعها للاجئين كما هو موضح أدناه) لإعادة توطين اللاجئين في غزة، وإذا اختار أي لاجئ فلسطيني العودة إلى غزة، فينبغي أن يكون حرا لفعل ذلك.

ينبغي جمع الأموال اللازمة لإعادة توطين و/أو تعويض اللاجئين الفلسطينيين من الدول التي ترغب في إنهاء الصراع الإسرائيلي - الفلسطيني، وخاصة الولايات المتحدة والاتحاد الأوروبي والدول العربية الغنية بالنفط التي لديها الموارد اللازمة لتوفير المساعدات اللازمة. التمويل لهذا الغرض. ومن الواضح أن المبلغ الإجمالي المطلوب سيعتمد على عدد اللاجئين الفلسطينيين الذين يرغبون في الانتقال والاستقرار في الضفة الغربية وقطاع غزة، وكم هم اللذين سيطلبون التعويض ببساطة.[9] واستنادا إلى المعرفة الحالية للدول المذكورة أعلاه، فإنها ستكون مستعدة لتوفير الجزء الأكبر من الأموال لهذا الغرض، والتي تقدرها مصادر مختلفة بنحو 10

---

[8] وهذا يتماشى أيضًا مع المقترحات التي تم تقديمها في كامب ديفيد عام 2000 ومعايير كلينتون اللاحقة، وعرض السلام الذي قدمه أولمرت في عام 2008.

[9] وفقاً لاستطلاع للرأي أجراه المركز الفلسطيني للبحوث السياسية والمسحية عام 2003 بين اللاجئين الفلسطينيين المقيمين في الضفة الغربية وغزة والأردن ولبنان، فإن 54% سيختارون الاستقرار في الضفة الغربية وغزة، أو في مناطق محددة في إسرائيل.سيتم تضمينها في تبادل الأراضي مع إسرائيل؛ 73 في المئة سوف يطلبون تعويضًا بمبلغ ما و 10% فقط سيطلبون الجنسية الإسرائيلية وإعادة التوطين في إسرائيل (المركز الفلسطيني للبحوث السياسية والمسحية 2003).

مليارات دولار، على أن تكون تحت إدارة ممثلين عن الدول المانحة بمشاركة الأونروا (لاسينسكي 2003). وتواصل هذه الوكالة التابعة للأمم المتحدة قيادة برامج اللاجئين الفلسطينيين، كما فعلت على مدى العقود السبعة الماضية. تدير الوكالة سجلات اللاجئين وتحتفظ بها - عدد سكانهم، وتحركاتهم، وأماكن إقامتهم.

ونظراً لحساسية قضية اللاجئين والتركيز المستمر منذ عقود على حق العودة الذي تم استغلاله للأسف لتحقيق مكاسب سياسية من قبل الدول العربية والسلطة الفلسطينية على وجه الخصوص، فإن حل هذه المشكلة يجب أن يبدأ مع بداية عملية المصالحة. سوف تكون هناك بعض المقاومة لذلك من جانب المتطرفين الفلسطينيين الذين يستخدمون حق العودة لحشد الجمهور وراء أجندتهم الخاصة. ومع ذلك، بمجرد توفر الأموال، ستواجه السلطة الفلسطينية وحماس ضغوطًا شديدة لعدم معارضة إعادة التوطين و/أو التعويض لأنهما سيستفيدان بشكل كبير من الأموال التي سيتم ضخها لهذا الغرض.

لا توجد وسيلة يمكن للفلسطينيين من خلالها إجبار إسرائيل على التنازل عن مبدأ حق العودة. وهذا ببساطة لن يحدث للأسباب المذكورة أعلاه. وخلال عملية المصالحة، يجب على القيادة الفلسطينية أن تبدأ في تخفيف لهجة مطالبها بشأن هذه القضية في جهد مخلص لتحرير شعبها تدريجياً من وهم فكرة أن حق العودة هو أمر أساسي لإيجاد حل دائم للصراع مع إسرائيل.

مكانة حماس في سياق الكونفدرالية

بمجرد أن تبدأ عملية إنشاء اتحاد كونفدرالي بين إسرائيل والفلسطينيين في الضفة الغربية، فلابد من دعوة حماس للانضمام إلى منظمة التحرير الفلسطينية وأن تكون شريكاً في الاتفاق، شريطة *أن تعترف أولاً بحق إسرائيل في الوجود وتتخلى رسمياً عن استخدام العنف*. بالإضافة إلى ذلك، يجب على حماس أن تلتزم بشكل كامل بإطار الكونفدرالية الذي يتم إنشاؤه والاتفاق عليه بين إسرائيل والسلطة الفلسطينية والأردن. ومع ذلك، إذا اختارت حماس عدم الانضمام في مرحلة مبكرة، فيجب السماح لها بذلك في وقت لاحق كجزء من الدولة الفلسطينية.

هناك عاملان سيعطيان الإسرائيليين استراحة كبيرة. أولاً، تظل المصالحة بين حماس والسلطة الفلسطينية احتمالاً بعيد المنال. ثانياً، هناك ضغوط كبيرة على السلطة الفلسطينية لحملها على إجراء انتخابات جديدة، والتي من المرجح أن تشارك فيها حماس وربما تفوز بها. وفي ظل هذا السيناريو، لا ينبغي لإسرائيل أن تتدخل في العملية الانتخابية ويجب عليها أن تقبل نتيجة الانتخابات بغض النظر عمن سيفوز. لا ينبغي لإسرائيل أن ترتكب نفس الخطأ الذي ارتكبته في عام 2006 بعد فوز حماس في الانتخابات عندما قررت اعتقال العديد من البرلمانيين المنتخبين المنتمين إلى حماس لمنعهم من تشكيل حكومة جديدة، الأمر الذي ساهم إلى حد كبير في الأعمال العدائية العميقة بين حماس وإسرائيل.

فمن الناحية السياسية سعت إسرائيل، وخاصة في عهد شارون ونتنياهو، إلى "قسّم تسُد" الفلسطينيين عبر السلطة الفلسطينية وحماس، وأوضحت مراراً وتكراراً أنها لن تتفاوض أبداً مع حكومة وحدة فلسطينية تضم حماس. وتدرك حماس أنها إذا تمكنت من تحقيق هدفها السياسي وتشكيل حكومة جديدة، فسوف يكون لزاماً عليها أن تعترف بإسرائيل وأن تنبذ العنف وأن تكف عن تهديد وجود إسرائيل. وعدا ذلك فإن إسرائيل ستفعل كل ما بوسعها لمنع حماس من حكم الفلسطينيين في الضفة الغربية ما لم تتصالح سلمياً مع وجود إسرائيل.

وبالفعل، حماس تدرك أنها غير قادرة على التغلب على إسرائيل عسكرياً الآن أو في أي وقت في المستقبل المنظور، كما تعلم إسرائيل أن تحقيق النصر الكامل على حماس أمر مستحيل بكل بساطة. فإذا تولت حماس السلطة في الضفة الغربية إلى جانب حكمها الحالي في غزة، فإنها سوف تختار التصالح مع وجود إسرائيل لخمسة أسباب. أولا، لن تتردد إسرائيل في مهاجمة أي حكومة تهدد وجودها، وقادة حماس يعرفون ذلك. ثانيا، ستواصل حماس الاعتماد على إسرائيل للسماح بتسليم البضائع والنفط والكهرباء ومواد البناء على حد سواء. إلى الضفة الغربية وقطاع غزة، هذا فضلاً عن فرص العمل لعشرات الآلاف من الفلسطينيين. ثالثاً، يريد غالبية الفلسطينيين في الضفة الغربية وقطاع غزة إنهاء الصراع مع إسرائيل لأنهم يريدون إنهاء محنتهم، وهو أمر يمكن تحقيقه فقط بموجب شروط السلام. رابعاً، سوف تحتاج حماس إلى ضخ كميات كبيرة من الأموال لإعادة الإعمارمدركة أن أحداً لن يستثمر في أي مشروع كبير قد يتم تدميره في هجمات انتقامية من جانب إسرائيل إذا قررت حماس استفزاز إسرائيل بالعنف. وعلى هذا النحو، فلن يكون أمامهم من خيار سوى الاتفاق على ربط عملية إعادة الإعمار بالوقف الكامل للأعمال العدائية ضد إسرائيل. وأخيراً، تعتمد حماس كلياً على إسرائيل ومصر للعبور من غزة إلى العالم الخارجي، وسوف يتم الضغط عليها بشدة من أجل التصرف بمسؤولية بمجرد تحقيق هدفها السياسي.

أحد المعايير الأخرى التي يتعين على حماس أن تلبيها هو أن تنأى بنفسها عن المنظمة الأم – جماعة الإخوان المسلمين. وتنظر أغلب الدول العربية، باستثناء قطر، إلى جماعة الإخوان المسلمين باعتبارها جماعة إسلامية متطرفة، ومصر على وجه الخصوص تنظر إليها باعتبارها منظمة إرهابية. وبالتالي، لكي تتمكن الدول العربية من تقديم المساعدات المالية لحكومة فلسطينية بقيادة حماس، فإنها تحتاج إلى ضمان إنهاء حماس ارتباطها بجماعة الإخوان المسلمين وقطع علاقاتها مع إيران التي تعتبرها العديد من الدول العربية عدواً لدوداً.

ولكن على أية حال، إذا لم تشارك حماس في الانتخابات وبقيت خارج عملية السلام، فلا ينبغي لهذا أن يمنع إسرائيل من التوصل إلى اتفاق مع السلطة الفلسطينية. وعلى الرغم من أن هذا سيؤدي نتيجة لذلك إلى ترك بعض الأعمال غير المنجزة، إلا أنه لن ينسف أي نوع من الاتفاق بين إسرائيل والأردن والسلطة الفلسطينية. لقد ظلت إسرائيل والسلطة الفلسطينية رهينة لدى حماس لسنوات عديدة؛ ولا ينبغي لهم أن

يظلوا مقيدين بما تفعله حماس أو لا تريد أن تفعله، ما لم تكن مستعدة للانضمام إلى عملية السلام كجزء لا يتجزأ من الجسم السياسي الفلسطيني.

أولئك الذين يدافعون عن أن الوضع الحالي بين إسرائيل وحماس يخدم المصالح الإسرائيلية الفضلى مخطئون بشدة. لا تحتاج إسرائيل إلى إعادة احتلال غزة أو فتح الحدود أمام حماس لاستيراد ما ترغب فيه دون أي قيود لحل الصراع مع حماس. بعد أربع حروب كبرى وتهديد حماس المستمر بإطلاق عشرات الآلاف من الصواريخ على إسرائيل (كما رأينا مؤخرًا في شهر مايو / أيار 2021 حيث أطلقت حماس أكثر من 4300 صاروخ)، يدرك معظم الإسرائيليين أن الوضع الراهن غير مستدام. حماس لن تختفي ولن تسمح لها إسرائيل بالحكم الحر. ومن الواضح أن الطريقة الوحيدة التي يمكنهم من خلالها التعايش بسلام هي الاعتراف بالواقع المطلق لبعضهم البعض. إن الاتفاق على وقف إطلاق النار طويل الأمد (الهدنة) ربما لمدة تتراوح بين 15 إلى 20 عاماً، وهو الاتفاق الذي ظلت حماس تطالب به، مع دعمه بعملية المصالحة، من شأنه أن يغير ديناميكية الصراع بين الطرفين. وفي حين أن لدى إسرائيل مخاوف مشروعة من أن وقف إطلاق النار طويل الأمد لن يسمح إلا لحماس بتعزيز نفسها من خلال جمع المزيد من الأسلحة وتدريب مقاتليها بشكل أفضل لإعدادهم للمعركة القادمة، فمن الواضح أن شروط وقف إطلاق النار لا ينبغي أن تسمح بمثل هذا الوضع. إن إسرائيل تتحمل نفس القدر من المسؤولية مثل حماس عن إيجاد حل طويل الأمد، وهو الحل الذي سوف يمليه الواقع على الأرض الذي لا يمكن لأي من الطرفين تغييره بالقوة.

مركزية الأردن كدولة ثالثة في الكونفدرالية

لأسباب عديدة - بما في ذلك مخاوف الأمن القومي للأردن وقربه من إسرائيل والضفة الغربية والتركيبة الديموغرافية للبلاد (حيث 55 في المائة من الأردنيين من أصل فلسطيني)، والعلاقات التجارية مع كل من إسرائيل والفلسطينيين ووصاية الأردن على الأماكن الإسلامية المقدسة في القدس ووجود معاهدة سلام مع إسرائيل - سيكون الأردن دولة *مستقلة* ثالثة مركزية في الاتحاد الكونفدرالي المنظور. وعلى هذا النحو، يحتاج الأردن إلى لعب دور محوري في تسهيل المفاوضات الإسرائيلية-الفلسطينية بسبب مصلحته الوطنية التي تتشابك مع مصالح كلا من إسرائيل والفلسطينيين. ويشترك الأردن في حدود يبلغ طولها حوالي 350 كيلومترا مع إسرائيل والضفة الغربية. وهذه الحدود المشتركة لها آثار هامة على كل جانب من جوانب الحياة بينهم. ونظراً لمركزية الأردن في كافة النواحي - جغرافياً وسياسياً واستراتيجياً - فإن مساهمته منذ البداية في المفاوضات تعتبر حاسمة ليس فقط لتشكيل واستدامة الكونفدرالية، بل أيضاً لإحلال السلام بين إسرائيل والفلسطينيين أنفسهم وإقامةالدولة الفلسطينية المستقلة.

السلام الإسرائيلي - الأردني

منذ توقيع معاهدة السلام بين إسرائيل والأردن في عام 1994، حرص الملك الراحل الحسين وخليفته الملك عبد الله على الحفاظ على معاهدة السلام بعناية من خلال الحفاظ على علاقات متبادلة المنفعة بين البلدين. واجهوا في بعض الأحيانبعض التوتر المرتبط في الغالب بمعاملة إسرائيل للفلسطينيين في المناطق، وبناء المستوطنات في الضفة الغربية، والنزاعات الأمنية فيما يتعلّق بالوصول إلى جبل الهيكل. وبصرف النظر عن هذه القضايا، وبغض النظر عمن يقود الحكومة الإسرائيلية وميولها السياسية، فقد حرص الأردن على التركيز على مصالحه الوطنية أولاً.

وعلى الرغم من إدانة الأردن للاحتلال ومعارضته لقيام إسرائيل ببناء وتوسيع المستوطنات في الضفة الغربية، وإدانتهلمعاملة إسرائيل القاسية للفلسطينيين وضم الأراضي الفلسطينية، من بين نزاعات أخرى، إلا أن عمّان لم تسمح لمثل هذه الخلافات بالتأثير على أساسيات معاهدة السلام مع إسرائيل. وينظر الأردن إلى سلامه مع إسرائيل باعتباره أحد أهم ركائز المصالح الجيواستراتيجية والاستقرار السياسي للبلاد. ومن ناحية أخرى، وعلى الرغم من أن إسرائيل اشتكت في كثير من الأحيان من عدم رغبة الأردن في الكشف عن أي من الفوائد التي استمدها من معاهدة السلام بسبب عدم رغبته في التنازل عن دعمه العلني الثابت للفلسطينيين، إلا أن إسرائيل لم تسمح لهذا "السلام البارد" أن يعرّض سلامة معاهدة السلام مع الأردن للخطر أو ينال من الأهمية الإستراتيجية لمعاهدة السلام مع الأردن.

وبالفعل، من وجهة النظر الأردنية فإن السلام مع إسرائيل قد قدم للمملكة الهاشمية العديد من المزايا التي تفوق أي خلاف بين البلدين. على الرغم من أن الكثير من التعاون على العديد من الجبهات بين الأردن وإسرائيل لا يحظى إلا بالقليل من الدعاية، إلا أنه واسع النطاق ويستمر في النمو. وأحد العناصر الأخرى التي تحافظ على العلاقات الثنائية على المسار الصحيح هو أن إسرائيل تستخدم نفوذها على مؤيديها في الكونغرس في واشنطن لضمان استمرار المساعدات المالية للأردن بما يصل إلى 1.5 مليار دولار، مما يعزز العلاقة الثنائية الإسرائيلية - الأردنية (ماجد 2021). وحقيقة أن الولايات المتحدة تنظر إلى كل من إسرائيل والأردن باعتبارهما حليفين استراتيجيين تزيد من تعميق العلاقات بين الأردن وإسرائيل، الأمر الذي له آثار إقليمية كبيرة.

تشابك الأمن القومي

ربما يكون الجانب الأكثر جدارة بالملاحظة في العلاقات الإسرائيلية - الأردنية هو تعاونهما الأمني الشامل الذي، في الواقع، كان بمثابة حجر الأساس الذي حافظ على معاهدة السلام بينهما وعززها. ويستلزم هذا التعاون الأمني علاقات عسكرية بين الجيشين، بما في ذلك تبادل المعلومات الاستخبارية والتدريب العسكري ونقل التكنولوجيا العسكرية وشراء الأسلحة الخفيفة من إسرائيل. وهذا مهم بشكل خاص لأن التهديدات الصادرة عن إيران ووكلائها المسلحين في سوريا ولبنان والعراق تؤثر على الأمن القومي لكلا البلدين. فبالنسبة لإسرائيل، يعد ضمان الاستقرار في

الأردن أمرًا حيويًا لأمنها القومي، ومن المنظور الأردني، توفر إسرائيل ردعًا كبيرًا ضد أي عدو يسعى إلى تقويض أمن المملكة.

بالإضافة إلى ذلك، يوفر الأردن لإسرائيل عمقًا استراتيجيًا شرقًا، وهو ما يتماشى مع الإستراتيجية الدفاعية الأمريكية في الشرق الأوسط. وتعتبر الولايات المتحدة على وجه الخصوص معاهدة السلام في غاية الأهمية للمصالح الاستراتيجية الأمريكية، وقد أعطت الأولوية لتحسين العلاقات بين البلدين. ومن المؤكد أن البلدين يستفيدان بشكل كبير من تعاونهما الأمني الذي يستمر في التوسع بسبب الصراعات الإقليمية المزعجة. وأخيراً، وبما أن إقامة الاتحاد الكونفدرالي واستمراريته يتوقفان على التعاون الكامل في كافة المسائل الأمنية، فإن التعاون الأمني الإسرائيلي - الأردني الحالي سوف يستمر في توفير أساس متين لإنشاء جهاز أمني موحد يضم الفلسطينيين. ومن المؤكد أن التعاون الأمني الإسرائيلي الحالي مع كل من الأردن والسلطة الفلسطينية متشابك ومتكامل ثلاثي الأطراف، ولا يمكن تعزيزه إلا تحت مظلة الكونفدرالية.

الوصاية على الأماكن الإسلامية المقدسة

منذ توقيع معاهدة السلام بين إسرائيل والأردن احترمت إسرائيل دائمًا الدور الخاص للمملكة الهاشمية في إدارة الأماكن المقدسة الإسلامية والمسيحية في القدس،[10] الأمر الذي يمنح الأردن مساهمة مهمة بشأن الوضع الراهن في جبل الهيكل. وغالباً ما كانت عمّان على خلاف مع إسرائيل لعدم فرض الحظر على اليهود الإسرائيليين للصلاة فيساحة المسجد الأقصى، وهو ما يعد انتهاكا للوضع الراهن. وتنتقد عمان أيضًا إسرائيل بسبب إجراءاتها الأمنية المشددة حول ساحة الحرم الشريف والوصول إليها، وهو ما ظهر مؤخرًا في أعقاب القيود الإسرائيلية على الوصول إلى الموقع المقدس خلال شهر رمضان في أبريل 2021. ومع ذلك، يتصالح الجانبان بسرعة حيث لا يريد أي منهما أي نزاع يؤثر سلبا على العلاقة بينهما.

ومن المهم أن نلاحظ أنه بما أن وصاية الأردن على الأماكن الإسلامية المقدسة من غير المرجح أن تتغير، فلن يكون لها تأثير كبير على الحل النهائي لقضية القدس. إن الأردن ملتزم بإقامة دولة فلسطينية ويحترم حق إسرائيل السيادي في السيطرة على الأماكن المقدسة وإدارتها وتطويرها. لكنه لا يعتبر ذلك عقبة أمام البحث عن حل للقدس الشرقية الذي تطالب به إسرائيل والفلسطينيون بشكل متبادل. وعلى العكس من ذلك، وبالنظر إلى حقيقة أن القدس لا يمكن ولن يتم تقسيمها مرة أخرى، والارتباط الديني العميق بالقدس بين الإسرائيليين والأردنيين والفلسطينيين والعالم العربي الأوسع، فإن إنشاء الكونفدرالية سوف يسهل إلى حد كبير التوصل إلى حل لمستقبل القدس الشرقية. علاوة على ذلك، فإن رعاية الأردن للأماكن الإسلامية المقدسة ستلعب دوراً مهماً في تعزيز الجانب الديني للاتحاد واستدامته.

---

[10] باستثناء مواقع الروم الكاثوليك

التركيبة السكانية في الأردن

يشعر الملك عبد الله بحساسية تجاه العدد الكبير من المنحدرين من أصل فلسطيني في بلاده الذين يشكلون أكثر من 55 في المئة من سكان الأردن (أفتان ديليان 2020).[11] والغالبية العظمى من الفلسطينيين الذين ولدوا في الأردن يعتبرون أنفسهم مواطنين أردنيين كاملي الأهلية، ومع ذلك لا يزال لديهم تقارب عميق للغاية مع جميع الفلسطينيين، بغض النظر عن أماكن إقامتهم، ويدعمون بقوة إنشاء دولة فلسطينية مستقلة في الضفة الغربية وغزة.

فقد الأردن سيطرته على الضفة الغربية في أعقاب حرب الأيام الستة عام 1967، وبحلول عام 1988 تخلى بالكامل عن مطالبته بها لأن الملك الراحل حسين أراد فصل الضفة الغربية عن الأردن. لقد سعى، واستمر خليفته الملك عبد الله، ليس فقط إلى حماية سلامة أراضي الأردن واستقلاله السياسي، ولكن أيضًا إلى *تحرير العديد من الإسرائيليين من وهم فكرة أن الأردن فلسطيني*، لأن الافتراض بأن الفلسطينيين لديهم وطن في الأردن يغذي مبررات ضم الضفة الغربية. لقد أصر الأردن، ولا يزال، خاصة منذ عام 1988، على أن الفلسطينيين في الضفة الغربية وقطاع غزة لديهم حق غير قابل للتنازل في إقامة دولتهم الخاصة وعاصمتها القدس الشرقية. وعارض كلا الملكين بثبات الاحتلال وتوسيع المستوطنات، وبالتأكيد أي ضم آخر للأراضي الفلسطينية.

وفي الواقع، أوضح الأردن بشكل لا لبس فيه أنه إذا قامت إسرائيل بضم جزء كبير من الضفة الغربية، فقد تقطع عمان علاقاتها الدبلوماسية مع إسرائيل. ومما لا شك فيه أن موقف الملك عبد الله قد منع إسرائيل بشكل كبير من اتخاذ مثل هذه الخطوة، خاصة الآن في أعقاب اتفاقيات إبراهيم مع الإمارات العربية المتحدة والبحرين والسودان والمغرب. وبالمثل، أصرت الدول الأربع على أن تطبيع العلاقات مع إسرائيل مشروط بتوقف إسرائيل عن ضم المزيد من الأراضي الفلسطينية في الضفة الغربية.

وبالنسبة للأردن، فإن إقامة دولة فلسطينية تحت مظلة اتحاد كونفدرالي من شأنه أن ينهي مشكلة اللاجئين الفلسطينيين التي ظلت على مر السنين تهدد استقرار الأردن والمنطقة ككل. وهكذا، وفي إطار الكونفدرالية سيتمكن اللاجئون الفلسطينيون - الذين يريدون الاستقرار في الضفة الغربية وقطاع غزة وأولئك الذين يطلبون التعويض ويبقون في أماكن إقامتهم - من القيام بذلك، وهي النتيجة العملية الوحيدة تحت أي ظرف من الظروف.

الروابط التجارية الأردنية

———————————————

[11] هذا الرقم متنازع عليه. صرّح مسؤول أردني في حديث مع المؤلف أن العدد الحقيقي للأردنيين من أصل فلسطيني يتراوح بين 43 و48 بالمئة.

يشير أي تحليل للروابط الاقتصادية والتجارية بين إسرائيل والأردن والسلطة الفلسطينية إلى أن الجميع سيحققون مكاسب كبيرة في هذه المجالات تتجاوز بكثير ما حققوه حتى الآن. وعلى الرغم من المشاحنات السياسية العرضية بين الأردن وإسرائيل، والتوتر والعنف المتقطع بين إسرائيل والفلسطينيين، فإن علاقاتهم الاقتصادية والتجارية تتزايد باطراد وتساهم بشكل كبير في متانة علاقتهم. الثمرة المباشرة للسلام الإسرائيلي - الأردني كانت مالية نتيجة لمعاهدة عام 1994، حيث بدأت الولايات المتحدة بتخفيف الديون الخارجية وترتيبات إعادة الهيكلة بقيمة إجمالية تزيد عن 3 مليارات دولار (Gal and Rock 2018). وفي السنوات التي تلت ذلك وقع الأردن وإسرائيل صفقات للغاز الطبيعي والمياه، وسمحت إسرائيل بزيادة كبيرة في الصادرات الأردنية إلى الفلسطينيين في الضفة الغربية. بالإضافة إلى ذلك، اتفقا على التخفيض التدريجي للتعريفات الجمركية، وإلغاء الرسوم الجمركية على عدد كبير من المنتجات المتداولة بينهما. وبخلاف التجارة المباشرة، يعد الأردن بمثابة جسر لإسرائيل إلى السوق الكبيرة لدول الخليج والدول العربية الكبيرة الأخرى. بالإضافة إلى ذلك، سمحت اتفاقيتان تجاريتان تم توقيعهما بين البلدين مع القوى الغربية - واحدة مع الولايات المتحدة والأخرى مع الاتحاد الأوروبي - للأردن بالاستفادة من اتفاقيات إسرائيل القائمة مع كلتا القوتين.

وكانت البيئة مستفيداً آخر من التعاون الأردني - الإسرائيلي - الفلسطيني المتزايد. ويدعم اتفاق تاريخي تم توقيعه بين الأطراف الثلاثة والبنك الدولي في عام 2013 إدارة موارد المياه المحدودة واستخدام المياه المحلاة، التي تعد إسرائيل رائدة في إنتاجها. بالإضافة إلى ذلك، اتفقت الحكومات الثلاث على التعاون في تنظيف نهر الأردن في عام 2015، مدركين أنه من خلال التعاون فقط يمكن أن تخدم مصالحها الخاصة، وهو الأمر الذي أصبح واضحًا بشكل متزايد خلال العقود الماضية (إبراهيم 2015).

الأردن بحاجة إلى استثمارات في البنية التحتية، وإسرائيل تريد توسيع شرعيتها الإقليمية، والفلسطينيون يريدون الاعتراف السياسي. إن هذا النوع من المشاريع والتعاون يشير بقوة إلى أن الدول الثلاث يمكنها، بل ويجب عليها، أن تعمل معًا وتقدم خطة مشتركة وواسعة النطاق لمستوى عالٍ من التعاون، وهو جوهر الكونفدرالية.

دور اللاعبين الرئيسيين

وبغض النظر عن مدى منطقية وعمليّة الاقتراح المذكور أعلاه، فإن الصعوبات التي تكمن في طريق خطة السلام هذه هي كيفية تنفيذها، ومن هم اللاعبون الرئيسيون الذين يجب أن يشاركوا في عملية التنفيذ، ومن يجب أن يتولى الدور الرائد. في الواقع، من دون الضغوط والإقناع والإغراءات التي تمارسها القوى الخارجية، كما أظهرت العقود العديدة الماضية، فإن الإسرائيليين والفلسطينيين غير قادرين أو غير راغبين في تعديل مواقفهم التي تمليها البيئة الجيوسياسية الإقليمية المتغيرة والظروف على الأرض. ولهذا السبب، يجب على الولايات المتحدة وألمانيا كممثلة للاتحاد الأوروبي والدول العربية ممثلة بالمملكة العربية السعودية ومصر على وجه

الخصوصأن تلعب دوراً فعالاً في تغيير ديناميكية الصراع، الأمر الذي سيجعل من إنشاء الكونفدرالية الحل الأمثل، الخيار الأكثر قابلية للتطبيق.

دور الولايات المتحدة

تتمتع الولايات المتحدة بالنفوذ الأعظم على إسرائيل والأردن والفلسطينيين. وتسجل إدارة بايدن تأييدها لإقامة دولة فلسطينية مستقلة والالتزام بالأمن القومي الإسرائيلي. إن إنشاء اتحاد كونفدرالي إسرائيلي ـ فلسطيني ـ أردني لن يتعارض مع موقف الولايات المتحدة القديم الداعم لإقامة دولة فلسطينية واستقلال إسرائيل والأردن. وبالتالي، ينبغي على إدارة بايدن الآن أن تقود هذه العملية من خلال اتخاذ العديد من الخطوات الحاسمة، بدءاً بالتراجع عن تصرفات ترامب التي أدت إلى تهميش الفلسطينيين. 12 بالإضافة إلى ذلك، يجب على إدارة بايدن الإعلان عن دعمها لقيام دولة فلسطينية.

علاوة على ذلك، وبالنظر إلى أن إدارة بايدن لا تميل إلى الغوص في محادثات سلام واسعة النطاق خوفًا، ولسبب وجيه، من أن المناخ السياسي في إسرائيل وبين الفلسطينيين ليس مناسبًا لمفاوضات السلام هذه، فيجب عليها التركيز على عملية المصالحة. وستتطلب هذه العملية اتخاذ تدابير لبناء الثقة بين إسرائيل والفلسطينيين والتخفيف من حدة عدم الثقة والكراهية المتأصلة على مدى فترة تتراوح بين 5 و7 سنوات، وتهيئة بيئة جديدة مواتية لمفاوضات السلام في إطار الكونفدرالية. ويشمل ذلك التفاعلات بين الحكومتين والشعبين لتعزيز الثقة والاطمئنان إلى أن مستقبل أفضل ينتظر الفلسطينيين.

ونظراً لأن بايدن يدعم حل الدولتين بشكل رسمي، فيمكنه أن يتخذ على الفور العديد من التدابير الأحادية الجانب لإبلاغ إسرائيل والفلسطينيين والأردن بموقف إدارته. ورغم أن مثل هذه التدابير سوف تلقى ترحيباً من جانب الفلسطينيين بالتأكيد، ومن المؤكد أنها ترضي الأردنيين، وقد تثير استياء الإسرائيليين، فإنها في نهاية المطاف ستخدم الإسرائيليين بقدر ما تخدم الفلسطينيين، إن لم يكن أكثر. هذه الخطوات المحددة التي يمكن أن يتخذها بايدن من جانب واحد ستساعد في إرساء الأساس لمفاوضات سلام إسرائيلية ـ فلسطينية موضوعية في المستقبل يمكن أن تؤدي إلى حل للصراع. بالإضافة إلى ذلك، فإن استعادة العلاقات الطبيعية بين الولايات المتحدة والفلسطينيين من شأنها أن تمنح الفلسطينيين إحساساً بالشرعية من شأنه في الواقع أن يخفف من موقفهم ويعدهم بشكل أفضل للدخول في مفاوضات جادة في سياق الكونفدرالية.

إعادة تأسيس مهمة منظمة التحرير الفلسطينية في العاصمة واشنطن

ينبغي على الرئيس بايدن أن يسمح للسلطة الفلسطينية بإعادة تأسيس بعثتها في العاصمة. وهذا من شأنه أن يفتح على الفور قناة اتصال تعتبر أساسية لتطوير الحوار بين الولايات المتحدة والسلطة الفلسطينية. وهذا سيرسل أيضًا إشارة واضحة إلى

---

12 باستثناء نقل السفارة الأمريكية من تل أبيب إلى القدس.

الفلسطينيين بأن الإدارة الجديدة حريصة حقًا على طي الصفحة وبدء حوار جديد دون تحيزات. كانت بعثة منظمة التحرير الفلسطينية في واشنطن موجودة في ظل عدة إدارات أمريكية قبل وصول ترامب إلى السلطة، وإعادة تأسيسها في هذه المرحلة الحاسمة يعد خطوة أولى حاسمة نحو تطبيع العلاقات بين الولايات المتحدة ورام الله.

إعادة فتح القنصلية الأمريكية في القدس

إن إعادة فتح القنصلية الأمريكية في القدس، وخاصة إعادة إنشائها في القدس الشرقية، سيبعث برسالة إلى السلطة الفلسطينية مفادها أن مستقبل القدس لم يتم تسويته بعد، وهو ما يتوافق مع خطة ترامب للسلام من أجل الازدهار التي تركت الحدود النهائية للقدس دون تغيير. ويتم تحديد ذلك بالاتفاق بين الجانبين. إن فتح القنصلية من شأنه أن يسمح للفلسطينيين العاديين بالالتقاء وجهاً لوجه مع الأميركيين وغرس بعض الثقة بين المجتمع الفلسطيني بأن الولايات المتحدة لن تتخلى عنهم أو تتجاهل محنتهم.

مواصلة المساعدات المالية

كان من الضروري أن تعيد إدارة بايدن المساعدات المالية للفلسطينيين في أبريل 2020 والتي كان ترامب قد علقها بعد اعترافه بالقدس عاصمة لإسرائيل. ولكن نظراً لإساءة استخدام المساعدات في الماضي، فلابد أن تتضمن هذه المساعدات مبادئ توجيهية واضحة بشأن استخدامها، مع مراقبة من مراقب أميركي لضمان إنفاق الأموال على البرامج والمشاريع المخصصة لها. لن تساعد المساعدات المالية المستمرة السلطة الفلسطينية على معالجة النقص المالي الحاد الذي تعاني منه فحسب، بل ستسمح لها بالاستثمار في بعض المشاريع التنموية التي يمكن أن توفر فرص عمل خاصة للشباب، الذين يعاني أكثر من 30 بالمائة منهم من البطالة (المكتب الفلسطيني للإحصاءات المركزية 2020).

منع ضم الأراضي والتوسع الاستيطاني

ينبغي على بايدن أن يوضح لنتنياهو أن إسرائيل يجب ألا تضم أي أراضٍ فلسطينية ويجب أن تجمد مؤقتًا توسيع المستوطنات. بالإضافة إلى ذلك، يجب عليه أن يصر على عدم تشريع إسرائيل للمستوطنات غير المرخصة والامتناع عن طرد أي فلسطيني، وخاصة من القدس الشرقية. إن التزام إسرائيل بهذه المتطلبات مجتمعة سيساعد في تعزيز مناخ الهدوء بين إسرائيل والأردن والفلسطينيين، وهو أمر بالغ الأهمية لعملية المصالحة.

انتخابات برلمانية ورئاسية جديدة

نظراً لعدم إجراء الفلسطينيين أي انتخابات منذ أكثر من 15 عاماً، ينبغي على بايدن أن يطالب السلطة الفلسطينية بتحديد موعد محدد لإجراء الانتخابات العامة والرئاسية. وينبغي مراقبة الانتخابات من قبل مراقبين دوليين للتأكد من أنها حرة ونزيهة، ويجب على جميع الساعين إلى مناصب عليا أن ينبذوا علناً استخدام العنف لتحقيق مكاسب سياسية، وأن يعترفوا بحق إسرائيل في الوجود، وأن يلزموا أنفسهم بقبول نتائج

الانتخابات. إن الفلسطينيين في حاجة ماسة إلى قيادة جديدة غير ملوثة بالفساد وغير متشبثة بالمواقف الصعبة السابقة التي لم تترك مجالاً للتسويات.

يمكن لبايدن أن يتخذ التدابير المتواضعة المذكورة أعلاه لتعزيز ثقة الفلسطينيين في نوايا الولايات المتحدة، الأمر الذي سيساعد بالتأكيد على تخفيف موقفهم بشأن مختلف القضايا المتضاربة التي أعاقت حتى الآن أي تقدم في مفاوضات السلام السابقة.

متطلبات بايدن من الفلسطينيين

ينبغي على بايدن أن يطلب من الفلسطينيين اتخاذ خطوات عديدة لإظهار التزامهم بالحل السلمي. ويشمل ذلك إعادة التأكيد على حق إسرائيل في الوجود كدولة مستقلة، وإنهاء أي وجميع أشكال التحريض ضد إسرائيل، والتعاون الكامل مع إسرائيل في جميع المسائل الأمنية، وعدم توفير أي حماية لأي متطرف فلسطيني عنيف، ومنع أي عمل من أعمال العنف ضد الإسرائيليين في الضفة الغربية وإنهاء أي وجميع الروايات العامة اللاذعة ضد إسرائيل.

متطلبات بايدن من إسرائيل

بغض النظر عن مدى امتثال الفلسطينيين لمطالب بايدن، فإنهم لن يدفعوا عملية المصالحة إلى الأمام ما لم تتخذ إسرائيل أيضًا إجراءات معينة يجب على بايدن الإصرار عليها للمساهمة في استقرار العلاقات الإسرائيلية - الفلسطينية. وعلى وجه الخصوص، ينبغي على بايدن أن يطلب من إسرائيل عدم التصرف بأي طريقة من شأنها أن تستفز الفلسطينيين بشكل مبرر.

ويجب على إسرائيل أن تضع حداً لممارسة طرد الفلسطينيين من منازلهم في أي جزء من الضفة الغربية، وخاصة من القدس الشرقية. وينظر الفلسطينيون إلى عملية الإخلاء على أنها عمل فظيع للغاية يهدف إلى إجبار الفلسطينيين على الخروج واستبدالهم باليهود الإسرائيليين لتغيير التركيبة الديموغرافية للمدينة. وبالمثل، يجب على بايدن أن يطلب من إسرائيل عدم ضم شبر آخر من الأراضي الفلسطينية لأن ذلك يبعث أيضاًبرسالة مشؤومة مفادها أن فإسرائيل عازمة على منع الفلسطينيين من الحصول على مساحة أرض متواصلة ضرورية لإقامة دولة مستقلة.

وهناك العديد من الممارسات القاسية الأخرى التي يجب على بايدن الضغط على إسرائيل لوضع حد لها. ويشمل ذلك المداهمات الليلية التي ترعب الفلسطينيين، وخاصة الأطفال، واقتلاع أشجار الزيتون، وتجميد نمو المستوطنات الإسرائيلية، وإنهاء تقنين المستوطنات غير القانونية، ووقف هدم المنازل، وتحديد فترة حبس الفلسطينيين المتهمين بارتكاب أعمال عنف بما لا يزيد عن شهر دون توجيه تهم إليهم. ، وتقليص نقاط التفتيش الأمنية للسماح للفلسطينيين بحرية الحركة، واتخاذ إجراءات صارمة ضد المستوطنين العنيفين الذين يهاجمون المواطنين الفلسطينيين بشكل عشوائي، والإفراج التدريجي عن السجناء الفلسطينيين الذين لم تتلطخ أيديهم بالدماء. وأخيراً، يجب على إسرائيل أن تسمح للفلسطينيين المقيمين في القدس الشرقية

(الذين لا يحق لهم التصويت في الانتخابات الوطنية الإسرائيلية) بالتصويت أو الترشح في أي انتخابات فلسطينية مستقبلية، وهو وضع رفضت إسرائيل حتى الآن السماح به باعتبار أن السماح لهم بالانتخابات الفلسطينية قد يعني اعتراف ضمني بالمطالبات الفلسطينية بالقدس الشرقية.

من شأن الإجراءات المذكورة أعلاه أن تساعد في خلق أفق سياسي يمنح الفلسطينيين الأمل في أن مستقبلًا أفضل وأكثر إشراقًا ينتظرهم وأنهم سيستمتعون في نهاية المطاف بما وعد به وزير الخارجية بلينكن في مايو 2021، وهو "تدابير متساوية للحرية والأمن والازدهار والديمقراطية". (وزارة الخارجية الأمريكية 2021). ولن يؤدي أي من الإجراءات المذكورة أعلاه بأي حال من الأحوال إلى المساس بالأمن القومي الإسرائيلي الذي التزمت الولايات المتحدة مراراً وتكراراً بحمايته تحت أي ظرف من الظروف.

وباعتباره رئيسًا متمرسًا للغاية في الشؤون الدولية، فإن بايدن يفهم مخاطر الصراع الطويل والمطول. لقد كان إنهاء الحرب في أفغانستان مثالاً صارخاً ومؤلماً لحجم الأخطاء التي يمكن أن تقع، إلا أنه كان لا يزال على حق وشجاعاً في إنهاء هذه الحرب أخيراً. إن بايدن محق في عدم الدفع باتجاه استئناف محادثات السلام الإسرائيلية ـ الفلسطينية في هذا الوقت، لكنه قادر على إظهار نفس الشجاعة والقيادة من خلال تغيير مسار الصراع الذي سيؤدي في النهاية إلى التعايش السلمي.

دور ألمانيا

تتمتع ألمانيا من بين أعضاء الاتحاد الأوروبي بوضع فريد لتسهيل عملية التفاوض الإسرائيلية ـ الفلسطينية والعمل جنبا إلى جنب مع المملكة العربية السعودية كمراقب للمفاوضات. تتمتع ألمانيا بعلاقات جيدة للغاية مع كلا الجانبين، وبالتالي يمكنها أن تقدم مساعدة كبيرة في هذا الصدد. ووفقا لدراسة نشرتها مؤسسة كونراد أديناور في عام 2015، فإن 68% من الإسرائيليين و49% من الفلسطينيين لديهم صورة إيجابية أو إيجابية للغاية عن ألمانيا (مجلةThe Local، يناير 2015). ومنذ ذلك الحين تحسنت صورة ألمانيا بشكل أكبر، الأمر الذي يجعلها أكثر قبولا من قبل الجانبين كميّسر في عملية التفاوض.

تعد ألمانيا إحدى الدول الأوروبية الرائدة التي دعمت باستمرار حل الدولتين وعارضت ضم المزيد من الأراضي الفلسطينية مع الحفاظ على *علاقات وثيقة للغاية مع إسرائيل*. وفي مؤتمر صحفي مشترك عقد مؤخراً مع رئيس الوزراء الإسرائيلي بينيت، صرحت المستشارة الألمانية أنجيلا ميركل قائلة: "أعتقد أنه في هذه المرحلة، حتى لو بدا الأمر ميؤوساً منه في هذه المرحلة، لا ينبغي أن تُحذف فكرة حل الدولتين من الطاولة، لا ينبغي دفنها... وأن الفلسطينيين ينبغي أن يكونوا قادرين على العيش بأمان في دولة" (فيدرمان 2021). إن موقف ألمانيا الثابت بشأن ضرورة حل الدولتين لم يقوض بأي شكل من الأشكال علاقتها الاستثنائية مع إسرائيل، والتي

تستمر في التحسن، كما أن دعمها الثابت لإسرائيل أعطى برلين فسحة أكبر لتطوير علاقات أوثق مع الفلسطينيين.

لقد كانت ألمانيا ولا تزال تتحمل "مسؤولية تاريخية خاصة عن أمن إسرائيل". وفي زيارتها إلى إسرائيل في أكتوبر 2021، قالت ميركل، كما قالت ذلك مرارًا وتكرارًا، "أريد أن أغتنم هذه الفرصة للتأكيد على أن موضوع أمن إسرائيل سيكون دائمًا ذا أهمية مركزية وموضوعًا مركزيًا لكل حكومة ألمانية". (أيوب 2021). وعلى الرغم من أن الدول الأعضاء الآخرين في الاتحاد الأوروبي تحافظ على علاقات جيدة مع إسرائيل وتعتبر ككتلة أكبر شريك تجاري لها، إلا أن ألمانيا على وجه الخصوص لديها علاقات خاصة جدًا مع إسرائيل على وجه التحديد فيما يتعلق بالأمن القومي لإسرائيل، والذي نشأ من التزامات ألمانيا الأخلاقية التاريخية. وفي هذا الصدد، تعد ألمانيا ثاني أكبر قوة أجنبية داعمة لإسرائيل بعد الولايات المتحدة. ومن بين أوجه التعاون الأمني الأخرى بين الدولتين، قامت ألمانيا ببناء ست غواصات نووية جاهزة لإسرائيل من خلال عقود عسكرية، تبرعت الحكومة الألمانية بأول غواصتين منها (Lappin 2019).

ازدهرت العلاقات الثنائية الألمانية الإسرائيلية على مدى العقود الخمسة الماضية، ولا يزال البلدان يتمتعان بتعاون واسع النطاق في العديد من المجالات. ويلعب التعاون العلمي دورا خاصا بين البلدين، والذي أصبح ركيزة مهمة لتعاونهما السياسي أيضا. انخرطت وزارة التعليم والبحوث الفيدرالية الألمانية في تعاون وثيق مع وزارة العلوم والتكنولوجيا والفضاء الإسرائيلية في عشرات المشاريع بما في ذلك التكنولوجيا الحيوية وأبحاث السرطان وأبحاث الأمن المدني (وزارة التعليم والبحوث الفيدرالية، بدون تاريخ). إن حقيقة أن إسرائيل أصبحت تثق في ألمانيا ما بعد الحرب تنبئ بالكثير عن التعاون المستقبلي بين البلدين والدور المهم الذي يمكن أن تلعبه ألمانيا في تسهيل محادثات السلام الإسرائيلية ـ الفلسطينية.

ويستفيد الفلسطينيون أيضًا من الدعم السياسي والمالي الذي تقدمه ألمانيا ويقدرونه، حيث يستثمرون ملايين اليورو في مجالات الخدمات الصحية والتعليم. وتواصل ألمانيا تدريب قوات الشرطة الفلسطينية والمشاركة في تدابير أمنية أخرى. ويركز التعاون التنموي الألماني ـ الفلسطيني على مشاريع التنمية المستدامة ويقدم المساعدة الإنسانية للفلسطينيين، بما في ذلك اللاجئين الفلسطينيين لتحسين ظروفهم المعيشية. علاوة على ذلك، تستثمر ألمانيا في التعليم والتدريب المهني. أقامت العديد من الجامعات الألمانية علاقات جيدة مع جامعات الضفة الغربية بينما تعمل على تعزيز العلاقات الثقافية لتعزيز علاقاتها الثنائية. ووقعت ألمانيا خلال الأشهر الأخيرة اتفاقية تعاون مع السلطة الفلسطينية بقيمة 117 مليون دولار للاستثمار في المناطق الخاضعة لسيطرة السلطة الفلسطينية (نقابة الأخبار اليهودية 17 سبتمبر 2021).

وتعتقد ألمانيا أن أي مفاوضات مستقبلية للتوصل إلى اتفاق سلمي بين إسرائيل والفلسطينيين يجب أن تستند إلى القانون الدولي وقرارات الأمم المتحدة ذات الصلة. وخلال زيارته للشرق الأوسط في يونيو/حزيران 2020، صرح وزير الخارجية الألماني هايكو

ماس أن "الخطوات الأحادية الجانب من قبل أي من الجانبين لن تقربنا" من الحل، وستحمل "إمكانية كبيرة جدًا للتصعيد" وستؤثر بشكل أكبر على استقرار المنطقة. (تايمز أوف إسرائيل 1 يونيو 2020). في الواقع، لقد كرّر الوزير ببساطة التأكيد على ما قالته المستشارة أنجيلا ميركل في أغسطس 2019، بأن حل الدولتين هو السبيل الوحيد لكلا الشعبين "للعيش في سلام وأمن" (تايمز أوف إسرائيل 29 أغسطس 2019). وفي هذا الصدد، تمثل ألمانيا بشكل كامل موقف الاتحاد الأوروبي فيما يتعلق بحق الفلسطينيين في إقامة دولتهم.

وعلى الرغم من العلاقات الإسرائيلية - الألمانية الوثيقة، ظلت ألمانيا ثابتة في دعمها لحل الدولتين. ففي لقائه مع رئيس الوزراء آنذاك نتنياهو في يونيو 2020، قال ماس في إشارة إلى ضم إسرائيل المخطط له آنذاك لـ 30 بالمائة من الضفة الغربية: "لقد كررت ... الموقف الألماني وشرحت مخاوفنا الجادة والصادقة باعتبارنا أصدقاء بشكل خاص جدا لإسرائيل حول العواقب المحتملة لمثل هذه الخطوة"، والتي تم وضعها على الرف منذ ذلك الحين نتيجة لتطبيع العلاقات بين إسرائيل والإمارات والبحرين (آهرين 2020). وبغض النظر عن وجهات النظر المتباينة حول إطار السلام الإسرائيلي - الفلسطيني، فإن إسرائيل تعتبر ألمانيا صديقا موثوقا به يأخذ أمنها القومي على محمل الجد.

وبالتالي، فإن التزام ألمانيا الذي لا يتزعزع بالأمن القومي الإسرائيلي وتعاونها المكثف في عدد كبير من المشاريع العلمية والأمنية، ومساهمتها المستمرة في رفاهية الفلسطينيين وحقهم في إقامة دولة، يضع ألمانيا في وضع فريد للعب دور بناء في تسهيل عملية السلام. المفاوضات الإسرائيلية الفلسطينية المرتقبة. ويدرك كل من إسرائيل والفلسطينيين مدى أهمية الدور الذي تلعبه ألمانيا. وبشكل عام، فهي تتمتع بقدرة كبيرة على حشد الدعم السياسي الأوروبي. علاوة على ذلك، ونظراً لكون ألمانيا القوة الاقتصادية في أوروبا، فهي في وضع يسمح لها ليس فقط بالمساهمة في توطين اللاجئين الفلسطينيين، بل وأيضاً بتحمل مسؤولية جمع مليارات الدولارات، وخاصة من الاتحاد الأوروبي، لتحقيق هذه الغاية. وباعتبارها ممثلة للاتحاد الأوروبي، يمكن لألمانيا أيضًا أن تستخدم الموارد السياسية والمالية الهائلة الشاملة للاتحاد الأوروبي لدعم التوصل إلى اتفاق دائم.

دور المملكة العربية السعودية

إن دور المملكة العربية السعودية في دفع اتفاق السلام الإسرائيلي - الفلسطيني في سياق الكونفدرالية أصبح أكثر أهمية في هذه المرحلة من أي وقت مضى. المملكة العربية السعودية ليس لديها صراع مع إسرائيل. في الواقع، قامت المملكة بتوسيع نطاق الاعتراف المشروط بإسرائيل منذ عام 2002 عندما طرحت مبادرة السلام العربية. عرضت مبادرة السلام العربية على إسرائيل تطبيع العلاقات مع الدول العربية مقابل إعادة الأراضي الفلسطينية التي استولت عليها إسرائيل في حرب الأيام الستة عام 1967 وتسوية الصراع مع الفلسطينيين على أساس حل الدولتين. وفي عام 2018، صرح ولي العهد السعودي الأمير محمد بن سلمان قائلاً: "أعتقد أن

الفلسطينيين والإسرائيليين لديهم الحق في الحصول على أرضهم الخاصة. لكن يجب أن يكون لدينا اتفاق سلام لضمان الاستقرار للجميع وإقامة علاقات طبيعية" (رويترز 2 أبريل 2018).

سيكون دور المملكة العربية السعودية في أي صراع إسرائيلي-فلسطيني مستقبلي مركزياً لعدة أسباب. المملكة العربية السعودية هي مهد الإسلام وموقع أقدس مزاراته. ومن المناسب أن يقول ولي العهد الأمير محمد بن سلمان: "لدينا مخاوف دينية بشأن مصير المسجد الحرام في القدس وحقوق الشعب الفلسطيني... وليس لدينا أي اعتراض على أي شعب آخر" (رويترز، 2 أبريل/نيسان 2018). والواقع أن المملكة العربية السعودية، باعتبارها الزعيم العالمي للإسلام السني، لديها مخاوف جوهرية بشأن مستقبل القدس التي تعد موطن ثالث أقدس الأماكن المقدسة لدى المسلمين السنة في الحرم الشريف ـ المسجد الأقصى وقبة الصخرة. وفي هذا الصدد، يشعر السعوديون بقوة بأن القدس الشرقية يجب أن تكون عاصمة الدولة الفلسطينية المستقبلية. وكان هذا الموقف هو القضية المركزية التي ثبت أنها نقطة شائكة، ولا تزال كذلك في استمرار الحوار عبر القنوات الخلفية بين السعوديين والإسرائيليين.

ونظراً للديناميكية السياسية والأمنية المتغيرة في المنطقة والإحباط إزاء القضية الفلسطينية التي لا تنتهي أبداً، يشعر السعوديون بشدة أن إنهاء الصراع الإسرائيلي الفلسطيني من شأنه أن يخفف بعض التوترات الإقليمية الأكثر إلحاحاً. ولتحقيق هذه الغاية، دعموا ضمنيًا الإمارات والبحرين والسودان والمغرب في تطبيع العلاقات مع إسرائيل. ومن خلال اتخاذ قرار بجعل تعاونهم وعلاقتهم الحالية مع إسرائيل سراً مفتوحاً، فإنهم يزيدون بشكل غير مباشر الضغط على الفلسطينيين لإظهار المزيد من المرونة خشية أن يُتركوا لمصيرهم، الأمر الذي أدى حتى الآن إلى تقويض قضيتهم بدلاً من تعزيزها.

إن إنهاء الصراع الإسرائيلي - الفلسطيني من شأنه أن يسمح للسعوديين بتطبيع العلاقات مع إسرائيل، الأمر الذي سيكون له العديد من الآثار الإقليمية المهمة والإيجابية التي يمكن للسعودية الاستفادة منها بشكل كبير. فمن منظور الأمن القومي، يتفق السعوديون مع إسرائيل فيما يتعلق بإيران، حيث يرون أن نفوذها المتزايد في المنطقة يشكل تهديداً لأمنهم القومي. ويعترف السعوديون بالدولة اليهودية باعتبارها القوة العسكرية الأولى في المنطقة، القادرة على وقف طموح إيران في الهيمنة - على سبيل المثال، من خلال مهاجمة المنشآت العسكرية الإيرانية باستمرار في سوريا لمنع طهران من إنشاء موطئ قدم دائم في البلاد، وتعطيل برنامج الأسلحة النووية الإيراني واعتراض شحنات الأسلحة إلى الجماعات المتطرفة مثل حزب الله وحماس والجهاد الإسلامي، مما يقلل من قدرة إيران على زعزعة استقرار المنطقة.

بالإضافة إلى ذلك، يهتم السعوديون كثيرًا بالتكنولوجيا المتقدمة الإسرائيلية ويمكنهم الاستفادة من ابتكاراتها المثيرة للإعجاب في العديد من المجالات، بما في ذلك الطب والزراعة والأمن المائي والأمن السيبراني والطاقة وتكنولوجيا تحلية المياه والتطورات الصناعية. وبالفعل، على مدى السنوات العديدة الماضية تعاونت إسرائيل

والمملكة العربية السعودية على عدد من الجبهات، بما في ذلك نقل التكنولوجيا الإسرائيلية والتنسيق الاستراتيجي وتبادل المعلومات الاستخبارية، وهذا الأخير يعود إلى أكثر من عقدين من الزمن (سلامة 2017). ولإظهار تعاونهم المتزايد مع إسرائيل في أعقاب اتفاقيات إبراهيم، يسمح السعوديون الآن للرحلات الجوية الإسرائيلية باستخدام مجالهم الجوي لأول مرة.

ومن ناحية أخرى تريد إسرائيل بشدة تطبيع العلاقات مع المملكة العربية السعودية بسبب موقعها الفريد وقوتها في العالم العربي وقدرتها على تحديد الاتجاهات للعالم العربي والإسلامي الأوسع. وعلى هذا النحو، فإن التطبيع مع المملكة العربية السعودية بالنسبة لإسرائيل من شأنه أن يؤدي أيضًا إلى تطبيع العلاقات مع العديد من الدول الأخرى ذات الأغلبية المسلمة بما يتجاوز اتفاقيات إبراهيم الأربعة. وبذلك يفتحون الباب أمام إسرائيل لاكتشاف الفوائد واسعة النطاق التي سيجلبها التطبيع، بما في ذلك التجارة والتعاون الأمني المكثف ومجموعة من الفوائد الأخرى بما في ذلك مشاريع التنمية المشتركة. ومع ذلك، طالما ظل الصراع الإسرائيلي ـ الفلسطيني دون حل، فإن العلاقات الدبلوماسية بين إسرائيل والمملكة العربية السعودية قد تكون على بعد سنوات. ولهذا السبب، طالما امتنعت المملكة العربية السعودية عن اعترافها، فإن الضغط على إسرائيل لحل الصراع مع الفلسطينيين سوف يستمر في التصاعد.

وعلى العكس من ذلك، ونظراً للمكانة الفريدة للمملكة العربية السعودية، يمكن للرياض أن تمارس نفوذاً هائلاً على السلطة الفلسطينية. لقد أصيب السعوديون بخيبة أمل شديدة تجاه السلطة الفلسطينية، وخاصة تجاه الرئيس عباس ومعاونيه الذين يتهمونهم بالفساد وعدم الولاء وعدم الامتنان لكل المساعدة التي قدمت لهم. ومع ذلك، فقد ظلوا ثابتين في دعمهم للدولة الفلسطينية. ويمكنهم ممارسة ضغوط هائلة على السلطة الفلسطينية، خاصة وأن القادة الفلسطينيين في حاجة ماسة إلى الدعم السياسي والمالي من المملكة العربية السعودية. وكمثال على ذلك، وبالنظر إلى حقيقة أن إعادة توطين و/أو تعويض اللاجئين الفلسطينيين أمر أساسي لإنهاء الصراع الإسرائيلي ـ الفلسطيني، فإن المملكة العربية السعودية لديها النفوذ والقدرة مايفوق الدول العربية الأخرى، للمساهمة وجمع مليارات الدولارات من الدول العربية الأخرى المنتجة للنفط لتحقيق هذه الغاية.

وحقيقة أن المشكلة الفلسطينية هي أيضًا موضوع للمناقشات العامة التي لا يمكن للرياض تجاهلها، تجعل من الصعب جدًا على الحكومة السعودية الإعلان عن قربها المتزايد من إسرائيل، ناهيك عن التطبيع الكامل للعلاقات. وعلى هذا النحو، أوضحوا للإسرائيليين أنه ما لم تتوصل إسرائيل إلى اتفاق سلام مع الفلسطينيين على أساس حل الدولتين، فإن المملكة العربية السعودية لن تقوم بتطبيع العلاقات مع الدولة اليهودية لأنهم يعتبرون ذلك بمثابة *خيانة لعقدين من الزمن*.

وأخيرًا، ونظرًا لحقيقة أن إسرائيل والفلسطينيين يحتاجون، من وجهة نظرهم الخاصة، إلى المملكة العربية السعودية، يمكن للسعوديين المساعدة في تسهيل عملية التفاوض وكذلك مراقبة المحادثات الإسرائيلية ـ الفلسطينية لضمان تفاوض الجانبين

بحسن نية. وبالفعل، في سياق الكونفدرالية الذي قد يؤيده السعوديون بقوة لأنه يلبي متطلباتهم، لا يمكن لإسرائيل ولا للفلسطينيين أن يتجاهلوا الموقف السعودي، الذي يحتاجون إلى دعمه تحت أي ظرف من الظروف.

دور مصر

عندما وقعت مصر وإسرائيل اتفاقية سلام في عام 1979، طورت الدولتان علاقة عمل جيدة استمرت في التحسن والتوسع على مر السنين، وإن كان ذلك مع القليل من الظهور العلني، خاصة بسبب الصراع الإسرائيلي - الفلسطيني المستمر والدعم الشعبي المصري للقضية الفلسطينية. وكانت مصر الدولة العربية الأولى التي أدركت أن إسرائيل قوة عسكرية كبيرة لا يمكنها هزيمتها. وقرر الرئيس أنور السادات آنذاك أن بلاده ستستفيد كثيرا من السلام مع إسرائيل بدلا من الإبقاء على حالة العداء. دعا السادات الفلسطينيين للانضمام إلى مفاوضات السلام مع إسرائيل ولكنهم رفضوا دعوته، ومنذ ذلك الحين، أصبح صراع الفلسطينيين مع إسرائيل أكثر صعوبة مع فترات من الهدوء بين الحين والآخر ولكن دون أي تقدم على جبهة السلام.

كانت لدى مصر ولا تزال مخاوف أمنية وطنية فيما يتعلق بغزة. ومنذ وصول الرئيس السيسي إلى السلطة في عام 2013، تسارع التعاون الأمني بين إسرائيل ومصر، ليصل إلى مستوى غير عادي لم يسبق له مثيل. يتقاسم البلدان العديد من الأهداف المشتركة، وخاصة مكافحة التطرف الإسلامي واحتواء النفوذ الإقليمي لإيران والحفاظ على السلام في شبه جزيرة سيناء، ومكافحة التطرف الفلسطيني في غزة. وتنظر مصر إلى السلام الإسرائيلي - الفلسطيني باعتباره أمراً محورياً للاستقرار الإقليمي، وكثيراً ما لعبت دوراً مهماً في تخفيف القضايا المتضاربة بين إسرائيل والفلسطينيين.

كانت علاقة مصر مع حماس، ولا تزال، عدائية في أحسن الأحوال، حيث تنظر القاهرة إلى حماس باعتبارها فرعًا من جماعة الإخوان المسلمين التي وصفها السيسي بأنها منظمة إرهابية في عام 2013 (أخبار البي بي سي، 25 ديسمبر 2013). وبعد ذلك بعامين، صنفت مصر حماس – بجناحيها السياسي والعسكري – كمنظمة إرهابية أيضًا (على الرغم من أن محكمة مصرية ألغت هذا التصنيف بعد أشهر) وقيدت حركتها من وإلى غزة عبر معبر رفح، وهو أحد المعبرين فقط للفلسطينيين في غزة إلى العالم الخارجي (أخبار البي بي سي 6 يونيو 2015). ومع ذلك، فإن مصر تسعى إلى تخفيف عقيدة / ميثاق حماس علماً منها أنها ستبقى على حدودها في المستقبل المنظور، وأنه يجب على القاهرة أن تتعامل مع الجماعة بشكل أو بآخر مع التركيز على الحفاظ على مستوى من النفوذ على حماس ومنع اندلاع أعمال عدائية إلى أقصى حد ممكن بين إسرائيل وحماس.

ولهذه الأسباب، ساعد المسؤولون الأمنيون المصريون في مناسبات عديدة في التوسط بين إسرائيل وحماس من أجل نزع فتيل التوتر بين الجانبين، وخاصة الترتيب لوقف إطلاق النار بعد ثلاث حروب بين إسرائيل وحماس. ومع ذلك، تدرك مصر أن

حماس لاعب مهم في النظام السياسي الفلسطيني. وعلى الرغم من عداء القاهرة تجاه حماس، لا يمكن تجاهلها. وسوف تحصل مصر ذاتها على فوائد كبيرة بمجرد انتهاء الصراع بين إسرائيل وحماس.

وبالتالي، فإن مصر لديها مصلحة كبيرة في إنهاء الصراع الإسرائيلي - الفلسطيني ويمكن أن تلعب دوراً هاماً في جهود الوساطة بين إسرائيل وحماس. وفي لقاء عقد في يوليو/تموز 2021 بين وزير الخارجية المصري سامح شكري ونظيره الإسرائيلي يائير لابيد، أكد شكري على "ضرورة حل الجمود الحالي بين الجانبين الفلسطيني والإسرائيلي، بما يؤدي إلى مفاوضات سلام عادلة وشاملة" (رويترز 11 يوليو 2021). والواقع أن مصر ترى نفسها حارسة للقضية الفلسطينية بسبب أهميتها بالنسبة للشعب المصري والحكومة نفسها التي تريد أن يُنظر إليها باعتبارها لاعباً مركزياً في تخفيف الصراع الإسرائيلي - الفلسطيني أو الانخراط في أي عملية سلام مستقبلية.

لا يمكن المبالغة في تقدير أهمية مصر في المساعدة في التوصل إلى اتفاق سلام إسرائيلي - فلسطيني، وخاصة إذا كان ذلك يشمل حماس. ولكن لكي تلعب مصر مثل هذا الدور المهم، عليها أن تترجم نفوذها إلى أفعال. وفي هذا الصدد، يتعين عليها أن توضح لحماس بشكل لا لبس فيه أنها إذا كانت راغبة في البقاء والازدهار، فإن الخيار الوحيد أمامها هو الاعتراف بحق إسرائيل في الوجود ونبذ العنف تماماً. لقد أثبتت الرسالة التي وجهتها مصر إلى الإسرائيليين بأنها لا تستطيع أن تتمنى زوال حماس وسياستها "فرق تسد" التي تنتهجها قد أثبتت أنها تأتي بنتائج عكسية حيث أصبح الصراع المستمر مع حماس بشكل خاص عنيدا على نحو متزايد، الأمر الذي يرهق أمن إسرائيل بدلا من تعزيزه.

إن مصر في وضع مثالي للتوسط في وقف إطلاق نار طويل الأمد بين إسرائيل وحماس (من 15 إلى 20 عامًا)، حيث سيعمل الطرفان خلاله على تطبيع العلاقات في ظل جهاز مراقبة صارم لضمان عدم انتهاك حماس للاتفاق من خلال إعادة التسلح والتدريب لتعدّ نفسها للجولة القادمة من القتال مع إسرائيل.

من المؤكد أن الولايات المتحدة وألمانيا والمملكة العربية السعودية ومصر على وجه الخصوص قادرة على الاضطلاع بدور مباشر في تعزيز مفهوم الكونفدرالية حيث أن الدول الثلاث منوطة بشكل كبير بحل الصراع الإسرائيلي - الفلسطيني. وقد تقوم الدول الأربع بمراقبة المفاوضات والمساعدة في تسهيلها بالإضافة إلى عملية المصالحة، مدعومة بالدعم المالي لضمان عدم وجود نقص في المساعدات المالية التي يمكن أن تعيق التنفيذ الكامل لخطة السلام. إن مثل هذه العملية التي قد تستمر لمدة خمس إلى سبع سنوات تشكل ضرورة أساسية للغاية لتمهيد الطريق أمام المفاوضات الموضوعية القائمة على حسن النية والتي ستتبع ذلك.

عملية المصالحة

يتعين على إسرائيل والفلسطينيين أن ينخرطوا في عملية مصالحة التي من شأنها أن تؤدي إلى نهاية تدريجية للصراع الإسرائيلي - الفلسطيني. وأخذا بعين الإعتبار حقيقة أن الإسرائيليين والفلسطينيين قد تباعدوا عن بعضهم البعض، وخاصة منذ الانتفاضة الثانية في عام 2000، وانعدام الثقة العميق بينهما، فإن *عملية مصالحة من خلال الأنشطة المشتركة بين الحكومتين والشعبين أمر ضروري.* إن عملية المصالحة أمر بالغ الأهمية بالنسبة لأغلبية الإسرائيليين الذين لا يعتقدون أن الفلسطينيين سيقبلون إسرائيل كدولة مستقلة ويوافقون على التعايش معها سلمياً. ومن المؤكد أيضاً أن عملية المصالحة ستسمح أيضاً بحدوث تحول نفسي حاسم في المواقف تجاه بعضهم البعض، وهو أمر أساسي لتغيير معتقداتهم السياسية والإيديولوجية.

أنا أؤكد أن هذا هو الجانب الأكثر أهمية الذي سيعزز أو يحطم احتمال إنهاء الصراع الإسرائيلي - الفلسطيني بشكل دائم على أساس حل الدولتين تحت مظلة الكونفدرالية. إن عملية المصالحة التي تتكون من أنشطة متعددة ويجب أن تكون متزامنة تعتبر *أمراً أساسياً من أجل التخفيف تدريجياً من العداء العميق وانعدام الثقة بين الجانبين* مع مرور الوقت، والذي لا يمكن التغلب عليه ببساطة على طاولة المفاوضات.

ويتوافق هذا التوجه مع جهود المناصرة التي قام بها التحالف من أجل السلام في الشرق الأوسط على مدى عقد من الزمن، وهو منظمة جامعة تضم أكثر من 100 مجموعة تعمل في كل من إسرائيل والأراضي الفلسطينية. ففي شهر ديسمبر/كانون أول من عام 2020 وافق الكونجرس الأمريكي على حزمة إغاثة بقيمة 250 مليون دولار مخصصة لجهود بناء السلام الإسرائيلية -الفلسطينية على وجه التحديد لتوسيع برامج شعب - لشعب. وغني عن القول أن هذه خطوة أولى مهمة للغاية ويجب توسيعها بشكل كبير بمرور الوقت. بالإضافة إلى ذلك، وعلى الرغم من أن رئيس الوزراء بينيت يعارض علناً إقامة دولة فلسطينية، إلا أنه يعتقد أنه يجب تخفيف عبء الاحتلال على الفلسطينيين، لأن تخفيف التوتر مع الفلسطينيين تحت أي ظرف من الظروف سيخدم مصالح الجانبين، على الرغم من أنهم ما زالوا يختلفون حول النتيجة النهائية. إن أي جهد للمصالحة بين خصمين يمكن أن يغير ديناميكية الصراع، وهنا يمكن للولايات المتحدة والاتحاد الأوروبي بقيادة ألمانيا والدول العربية بقيادة المملكة العربية السعودية توجيه العملية نحو حل الدولتين. ويجب على الأطراف المعنية أن تصر على التدابير التالية:

التدابير من حكومة لحكومة

1) **وقف الرواية العامة اللاذعة المتبادل بين الطرفين:** يجب على القادة الإسرائيليين والفلسطينيين أن يوقفوا رواياتهم العامة اللاذعة ضد بعضهم البعض. ولعل هذه هي النقطة الأكثر أهمية التي يجب معالجتها. فبدلاً من إعداد عامة الناس لحتمية السلام والانخراط في حوار عام بناء، ظلوا يسممون الأجواء السياسية ويضعون طرفاً ضد الآخر خالقين تصوراً بأن السلام مجرد وهم وأن

الخلافات بينهم لا يمكن حلها ببساطة. إن نشر مثل هذه الاتجاهات والاتهامات المضادة يؤثر سلباً على العقليات العامة لشعوبها ويخلق تصوراً بين الصغار والكبار على حد سواء بأن التعايش السلمي مستحيل. يجب أن تبدأ المصالحة أولاً بتغيير الرواية العامة التي تشير ضمناً إلى عملية القبول المتبادل بين الإسرائيليين والفلسطينيين العاديين وعلى أعلى المستويات.

2) **إقامة علاقة اقتصادية**: إن تطوير علاقة اقتصادية قوية بين إسرائيل والفلسطينيين أمر أساسي لأنه بدونها لن تنجح أي عملية مصالحة. وبخلاف التجارة بين الجانبين، ينبغي تشجيع المستثمرين الإسرائيليين على الاستثمار في مختلف المشاريع التجارية في الدولة الفلسطينية المستقبلية، والتي من شأنها أن توفر قدرا كبيرا من فرص العمل للفلسطينيين الذين لديهم من بين أعلى معدلات البطالة في العالم.[13] ويمكن لإسرائيل أيضًا أن تساعد الفلسطينيين على إنشاء وإدارة مشاريع كبيرة، على سبيل المثال في الإسكان ومراكز الرعاية الصحية والمدارس والبنية التحتية، فضلاً عن مشاريع التنمية المستدامة. ومن شأن التبادلات الاقتصادية والاستثمار والتنمية أن تعزز علاقة وثيقة للغاية بين الجانبين، ويمكن جني الفوائد خلال فترة زمنية قصيرة نسبيا. ولن يرغب أي من الجانبين، وخاصة الفلسطينيين، في المخاطرة بخسارة مثل هذه الفوائد الملموسة بعد تطوير مثل هذا التبادل الذي يستفيدون منه بشكل كبير.

3) **تعديل الكتب المدرسية**: من الضروري أن يقوم الجانبان بتعديل الكتب المدرسية لتعكس رواية تاريخية أكثر دقة وموضوعية وأقل تحيزاً في جميع أنحاء مؤسساتهم التعليمية. وهذه نقطة حساسة بشكل خاص بالنسبة للإسرائيليين، حيث تشير كتب التاريخ الفلسطيني إلى إسرائيل باعتبارها قوة احتلال فقط. حدود 1967 غير محددة في كتب الجغرافيا، وعلى الخرائط الفلسطينية تغطي دولة فلسطين ما يعرف حاليًا بإسرائيل والضفة الغربية وغزة. وعلى الرغم من أن إسرائيل قامت قبل بضع سنوات بتعديل بعض كتبها المدرسية، إلا أن الكتب المدرسية الحالية تنكر دور إسرائيل في التسبّب بمشكلة اللاجئين الفلسطينيين وتنشر روايات تاريخية أخرى غير دقيقة. إن البيئة السياقية في المدارس وجميع المؤسسات وأي بيئة اجتماعية يتواصلون فيها يمكن أن تعزز بشكل كبير حقيقة أن تعايشهم لا رجعة فيه.

4) **تطوير مدارس متكاملة**: للأقسام التعليمية تأثير طويل الأمد على الطلاب من جميع الخلفيات، اجتماعيًا وتعليميًا على حد سواء - ميزانية الطالب اليهودي العادي أعلى بنسبة 78 إلى 88 بالمائة من ميزانية الطالب العربي، ويستمر العرب في تمثيل ناقص في الجامعات (شوارتز 2016). وفي إسرائيل نفسها، نادراً ما يذهب الطلاب اليهود والعرب إلى نفس المدارس، والتي لولا ذلك لكانت المكان المثالي للأطفال من خلفيات مختلفة للالتقاء والتفاعل مع بعضهم البعض ومعرفة أنهم ليسوا أعداء بل

---

[13] بلغت إجمالي البطالة الفلسطينية في عام 2019 ما بين 25.3% - 14.6% في الضفة الغربية و45.2% ، وهي نسبة مذهلة، في قطاع غزة، وتتحمل النساء والشباب العبء الأكبر في كلا المنطقتين (منظمة العمل الدولية 2020).

جيران. وتعتبر المدارس المتكاملة، مثل هاجر وهاند إن هاند (يد بيد) ضرورية لتعزيز الأفكار والمواقف الإيجابية تجاه التعايش منذ سن مبكرة ويجب التوسع فيها في إسرائيل نفسها. تقوم هذه المدارس بتدريس الفصول ثنائية اللغة، باللغتين العربية والعبرية، وهو أمر بالغ الأهمية لأن اللغة هي الخطوة الأولى في خلق فهم مشترك.

وفي حين أن هذا لا يعالج حاجة الأطفال الفلسطينيين في الضفة الغربية وغزة للالتقاء والتفاعل مع نظرائهم الإسرائيليين، فإن توسيع مثل هذه المدارس سيبني التفاهم بين الإسرائيليين من جميع الخلفيات، ويمكن توسيعه في ظل ظروف السلام ليشمل مناطق في الضفة الغربية حيث يعيش المستوطنون جنبًا إلى جنب مع الفلسطينيين. وحتى في المدارس الفاصلة بين القوميتين يمكن توسيع نطاق التفاهم. وينبغي في كل من المدارس الإسرائيلية والفلسطينية أن يكون تعلم اللغة إلزامياً ـ العربية للطلاب الإسرائيليين، والعبرية للطلاب الفلسطينيين. اللغة هي أكثر من مجرد وسيلة للتواصل؛ فهيتمثل ثقافة بأكملها. وفي الواقع، حتى حماس تدرك أن تعلم اللغة العبرية ضروري ''لفهم العدو''، وقد قامت بتوسيع فصول اللغة العبرية لأطفال غزة (المغربي 2013).

5) عدم اتخاذ أي إجراء استفزازي: ينبغي على الولايات المتحدة الإصرار على عدم لجوء السلطة الفلسطينية إلى المحكمة الجنائية الدولية لاتهام إسرائيل بارتكاب جرائم ضد الإنسانية أو السعي للحصول على مزيد من قرارات مجلس الأمن الدولي، سواء كان ذلك ضد المستوطنات أو لصالح الاعتراف بها. لن يكون لمثل هذه الخطوة أي تأثير عملي يذكر على إسرائيل، إن وجدت، ولن تؤدي إلا إلى إثارة غضب الإسرائيليين لأنهم يعتبرونها شكلاً من أشكال التحريض، الأمر الذي لن يؤدي إلا إلى زيادة تصلب موقفهم. أضف إلى ذلك، فإن مجرد التهديد بالسعي إلى تحقيق العدالة من خلال المحكمة الجنائية الدولية من شأنه أيضاً أن يبعث برسالة خاطئة إلى الشعب الفلسطيني عموماً مفادها أن العلاقات مع إسرائيل تتدهور بدلاً من أن تتحسن، وهو ما من شأنه أن يخلف تأثيراً نفسياً سلبياً ويجعل المصالحة أكثر صعوبة من أي وقت مضى.

وفي المقابل، يتعين على الولايات المتحدة أن تضغط بشدة على إسرائيل لاتخاذ عدد من التدابير التصالحية لإظهار استعدادها للعمل مع الفلسطينيين من أجل خلق جو أكثر إيجابية يمكن من خلاله بناء الثقة المتبادلة. أولاً، يمكن لإسرائيل أن تفرج خلال فترة بضعة أشهر عن مئات السجناء الفلسطينيين المسجونين بسبب جرائم غير عنيفة. ثانياً، تستطيع إسرائيل أن تسهل إصدار تراخيص البناء للفلسطينيين لتزويدهم بالإحساس بأنهم أحرار في ضرب جذور عميقة في دولتهم المستقبلية. ثالثاً، يجب على إسرائيل أن تتوقف عن ممارسة المداهمات الليلية، إلا في ظروف خاصة *وبشرط توافر الأمن الداخلي الفلسطيني*. رابعاً، لا بد من تخفيف القيود المفروضة على حركة الفلسطينيين داخل الضفة الغربية من أجل الإشارة إلى الفلسطينيين العاديين بأن نهاية الاحتلال أصبحت وشيكة، وإظهار ما يمكن أن يبشر به السلام بمجرد أن يتصالح الطرفان مع بعضهما البعض. وأخيراً، في مقابل إنهاء الفلسطينيين لحملتهم الرامية إلى توجيه اتهامات ضد إسرائيل إلى المحكمة الجنائية الدولية، يتعين

على إسرائيل أن توقف أي توسع استيطاني خارج المناطق المشار إليها سابقاً، والتي من المفترض أن تكون جزءاً من تبادل محتمل للأراضي.

6) الحفاظ على التعاون الأمني: لا ينبغي لإسرائيل أن تستمر في العمل مع جهاز الأمن الداخلي الفلسطيني فحسب، بل يجب أن تزيد من التعاون المستقبلي في جميع المسائل الأمنية. هذا سيساعد على ترسيخ الوضع الأمني العام ويمهد الطريق لعمليات مشتركة أكثر اتساعا بعد إنشاء الدولة الفلسطينية. تجدر الإشارة إلى أن بعض الاشتباكات العنيفة الحالية والمستقبلية لن يكون من الممكن تجنبها، ومن المرجح أن تتزايد حدتها طالما أن الفلسطينيين لا يرون أي أمل في مستقبل أفضل وما دام الإسرائيليون يشعرون بالضعف بشأن أمنهم القومي. وتخفيف هذا الشعور بالقلق نفسياً وعملياً كان ولا يزال أساسياً لنجاح محادثات السلام.

ويتعين على الولايات المتحدة أن تصر على ضرورة امتناع الجانبين عن استخدام العنف وتتبنى شعار الراحل إسحاق رابين: "حارب الإرهاب كما لو لم تكن هناك عملية سلام؛ واسعى وراء السلام كما لو لم يكن هناك إرهاب". ومن المؤسف أن الجانبين لجئا تاريخياً إلى العنف باعتباره الخيار الأول وليس كالملاذ الأخير. لقد أثبت هذا النهج عدم جدواه بمرور الوقت، فبعد مرور 73 عامًالم يحدث أي تحسن يذكر في الطريقة التي ينظرون بها ويتعاملون بها مع بعضهم البعض. سيكون هناك دائماً عناصر معينة على كلا الجانبين مصممة على تدمير أي احتمال للسلام، إما بسبب ميولها العميقة والمتشددة على المستوى الأيديولوجي، أو لأنها استفادت ولا تزال تستفيد مالياً من الصراع المستمر. وفي سياق الصراع الإسرائيلي الفلسطيني الشامل، فمن حسن الحظ أن هذه المجموعات هامشية ولن تنجح في تقويض عملية السلام. إن جبهة موحدة من داخل المعسكرين هي وحدها القادرة على إضعاف الجهود التي يبذلها المتطرفون العنيفون لتخريب المفاوضات.

7) إنشاء مؤسسات الرعاية الصحية: بما أن إسرائيل هي إحدى الدول الرائدة في مجال الرعاية الصحية والإنجازات الطبية، فمن المؤكد أنها تستطيع مساعدة الفلسطينيين في بناء العيادات والمستشفيات في الدولة الفلسطينية مع توفير التدريب الطبي لمئات الفلسطينيين. وهذا يشمل الأطباء والممرضين والفنيين الطبيين. بالإضافة إلى ذلك، يمكن للحكومة الإسرائيلية تسهيل الوصول إلى المستشفيات الإسرائيلية للفلسطينيين الذين يحتاجون إلى علاج متقدم غير متوفر حاليًا في المستشفيات الفلسطينية. وبالنظر إلى أن الرعاية الصحية تؤثر على الجميع بشكل أو بآخر، فإن المساعدة المنتظمة التي تقدمها إسرائيل للفلسطينيين في هذا المجال الحيوي سوف تقطع شوطا طويلا نحو المصالحة وتخفيف حدة انعدام الثقة بين الجانبين بقوة.

8) مشاريع الإسكان: قبل أي خطوات أخرى، يجب أن تنتهي فوراً سياسة إسرائيل السابقة المتمثلة في عدم إصدار تصاريح بناء للفلسطينيين في المنطقة (ج) والقدس الشرقية. وحتى عندما يتم الإعلان عن التصاريح، مثل الموافقة على 700 تصريح في عام 2019، فإنها نادرا ما تصدر في الواقع (ماجد 2020). يمكن لإسرائيل أن تساعد الحكومة الفلسطينية في تلبية الطلب المتزايد على السكن، وخاصة للاجئين

الفلسطينيين الذين يختارون الانتقال من مخيمات اللاجئين خارج فلسطين إلى الضفة الغربية والفلسطينيين النازحين داخليا الذين يحتاجون إلى إعادة التوطين في مجتمعات جديدة. ويمكن لإسرائيل أن تساعد الحكومة الفلسطينية في بناء مجتمعات جديدة باستخدام المساكن الجاهزة في غضون أشهر. بالإضافة إلى ذلك، وكبادرة حسن نية، عندما يتم نقل المستوطنين الإسرائيليين من المستوطنات الصغيرة، تستطيع إسرائيل تسليم المساكن في تلك المناطق إلى الفلسطينيين بالاتفاق بين الجانبين.

التدابير من شعب لشعب

مع اتخاذ التدابير المذكورة أعلاه، يصبح التفاعل بين الناس عملية طبيعية تتم في جو يتحسن باستمرار. إن التدابير التالية التي يجري اتخاذها اليوم على نطاق صغير يتعين استخدامها على نطاق أوسع وبطريقة متماسكة ومتسقة لتهيئة بيئة سياسية واجتماعية جديدة من شأنها أن تدعم عملية التفاوض. ولابد من تحدي الإسرائيليين والفلسطينيين والضغط عليهم لتنفيذها إذا كانوا يسعون بصدق إلى إنهاء الصراع.

1) **الزيارات المتبادلة:** يجب أن تتفق الحكومة الإسرائيلية والسلطة الفلسطينية على السماح بالزيارات المتبادلة. من المؤكد أن المخاوف المتعلقة بالأمن يمكن معالجتها على نحو كاف؛ إن إسرائيل في وضع مثالي يسمح لها بإجراء تحريات مسبقة عن خلفية الأشخاص على غرار الإجراءات الأمنية في المطارات لمنع تسلل المتطرفين الإسلاميين والأسلحة. ومن الصعب المبالغة في قيمة مثل هذه الزيارات عندما يلتقي الإسرائيليون والفلسطينيون العاديون في أماكن إقامتهم لتبادل الخبرات وفهم مظالم واهتمامات بعضهم البعض، حيث اكتشف الكثيرون في كثير من الأحيان أن مصالحهم وتطلعاتهم المشتركة أكبر بكثير من خلافاتهم.

2) **نشاط المرأة:** يمكن أن يكون نشاط النساء الإسرائيليات والفلسطينيات جزءًا مهمًا جدًا من عملية المصالحة. ينبغي للنساء الإسرائيليات والفلسطينيات أن يستخدمن قوتهن الهائلة لمطالبة قادتهن بإنهاء الصراع. تتمتع النساء بنفوذ أكبر بكثير من الرجال إذا وحدن قواهن وشاركن في المظاهرات السلمية وبقين متمسكات مع رسالة وقف جميع أشكال العنف. يقدم دور المرأة في إنهاء الصراع في أيرلندا الشمالية وطوال الحروب في البلقان صورة حية لكيفية تأثير المرأة على مجرى الأحداث.

3) **المناسبات الرياضية المشتركة:** تعتبر الرياضة أداة مفيدة بشكل لا يصدق في بناء الصداقة الحميمة بين الجانبين، سواء كانوا يتنافسون ضد بعضهم البعض أو كجزء من فريق مشترك. يمكن أن تجتمع فرق كرة القدم وكرة السلة وغيرها من الفرق الرياضية الإسرائيلية والفلسطينية بالتناوب في إسرائيل وفلسطين للتدريب والمنافسة وتطوير العلاقات الشخصية. تعمل الفرق الإسرائيلية - الفلسطينية المشتركة، مثل فرق الشباب الموجودة في كرة السلة وكرة القدم، على خلق بيئة يتعلم فيها الأطفال من كلا الخلفيتين العمل معًا لتحقيق هدف مشترك. وبالنسبة للفتيات على وجه الخصوص، يمكن أن يخلق هذا بيئة حيث يمكن للفتيات من جميع الخلفيات الدينية أن يتمتعن بالحرية والراحة، حتى في بيئة متعددة الثقافات. يتيح لهم هذا النوع من النشاط

أن يكون لديهم فكرة أفضل عن هوية الآخر ويبدأوا ينظرون إلى بعضهم البعض كأفراد عاديين يهتفون بروح اللعبة السخية التي يلعبونها معًا، حيث يكون *النصر هو اللعبة نفسها، وليس النتيجة النهائية.*

4) التفاعل والتواصل الطلابي: ينبغي على الطلاب الفلسطينيين والإسرائيليين (من المدرسة الابتدائية حتى الجامعة) التواصل والاختلاط مع بعضهم البعض والتحدث عن تطلعاتهم وآمالهم للمستقبل. ولا ينبغي لأي طفل إسرائيلي أو فلسطيني أن يستمر في أن يقوم الغير بتغذيته بأفكار سامة مفادها أن الآخر هو عدو لدود أو أي شيء أقل من إنسان. لا ينبغي للشباب الفلسطيني أن ينظر إلى كل إسرائيلي على أنه جندي يحمل بندقية، وعلى العكس من ذلك، لا ينبغي لأي شاب إسرائيلي أن ينظر إلى كل فلسطيني على أنه إرهابي. بل على العكس من ذلك، ينبغي تعليم الشباب الإسرائيلي والفلسطيني أن قدرهم هو التعايش السلمي وتشجيعهم على استخدام وسائل الإعلام الاجتماعية للتواصل مع بعضهم البعض، لأن المستقبل بين أيديهم.

5) المعارض الفنية: هناك العشرات من الفنانين الإسرائيليين والفلسطينيين الذين لم يلتقوا قط أو يتعمقوا في مشاعر وعقلية بعضهم البعض ليروا كيف تعكس أعمالهم حياتهم. يجب أن تقام معارض مشتركة في كل من إسرائيل وفلسطين، وأن تتجول في عدة مدن للسماح للناس الصغار والكبار برؤية ما يحاول الآخر التعبير عنه والشعور به. ويمكن أن تتوسع هذه التبادلات الثقافية لتشمل المهرجانات الموسيقية والعروض المسرحية وأشكال فنية أخرى.

6) الرواية العامة: ينبغي للجامعات ومراكز الفكر والمؤسسات التعليمية الأخرى تنظيم مناقشات مائدة مستديرة. يجب أن يتألف المشاركون من إسرائيليين وفلسطينيين مؤهلين يتمتعون بخبرات أكاديمية وشخصية متنوعة ويتمتعون بالاحترام في مجالهم، ومفكرين مستقلين *لا يشغلون أي* منصب رسمي في حكوماتهم ولديهم معرفة شاملة بالقضايا المتضاربة. على سبيل المثال، يمكنهم مناقشة كيف يمكن لكلا الجانبين إزالة الحواجز لجعل التعايش ليس حتميا فحسب، بل مرغوبا فيه. ويجب أن تتضمن مناقشات المائدة المستديرة موضوعات أخرى تتعلق بالقضايا الإقليمية والدولية حتى يتعلموا من وجهات نظر بعضهم البعض حول كيفية تقييم صراع معين أو نزاع بين دول أخرى. ومن الممكن نشر مثل هذه الحوارات الصغيرة فوراً على الإنترنت بين ملايين الأشخاص، بما في ذلك الإسرائيليين والفلسطينيين.

7) التجمعات بين الأديان: نظرًا لأن القدس هي قلب الديانات الإبراهيمية الثلاث، فإن ترتيب مناقشات بين الأديان تتكون من علماء الدين والأئمة والحاخامات والكهنة أمر بالغ الأهمية. يمكن للمشاركين تناول القضايا ذات قلق واهتمام الديانات الثلاث. على سبيل المثال، في معالجة مستقبل القدس على الرغم من أن القدس قد تصبح عاصمة للدولتين. إن مناقشة الاحتمالات الأخرى أمر بالغ الأهمية، إن لم يكن لسبب آخر سوى توضيح سبب عدم نجاح الخيارات الأخرى. يمكن أن تمتد هذه التجمعات إلى ما هو أبعد من المناقشات العلمية أيضًا. ويستطيع الزعماء الدينيون، مثل الحاخامات والأئمة، تنظيم اجتماعات وإفطارات بين الأديان، حيث يمكن لأفراد المجتمع من كل

دين أن يجتمعوا معًا ويتعرفوا على دين بعضهم البعض في جو من الاحتفال، وليس التوتر.

8) الشراكات التجارية: سوف تقطع الشراكات التجارية بين الإسرائيليين والفلسطينيين شوطا طويلا ليس فقط في تعزيز العلاقات الاقتصادية التي يكون لكلا الجانبين فيها مصلحة مالية راسخة يريدون نجاحها، ولكن أيضا في تعزيز العلاقات الشخصية الوثيقة والثقة. مثل هذه الشراكات، التي تتطلب دائمًا عددًا كبيرًا من الموظفين، ستسمح أيضًا للموظفين الإسرائيليين والفلسطينيين بالعمل معًا والفخر بمساعيهم المشتركة. على سبيل المثال، يمكن لشركات البناء الإسرائيلية أن تدخل في شراكة مع نظيراتها الفلسطينية لتنفيذ مشاريع مشتركة كبيرة، وبناء البنية التحتية مثل الطرق والجسور والمستشفيات وغيرها من المشاريع.

9) دور وسائل الإعلام: بدلا من التركيز فقط تقريبا على العنف والاتهامات اللاذعة والاتهامات المضادة التي تتصدر عناوين الأخبار، ينبغي أيضا تشجيع وسائل الإعلام الإسرائيلية والفلسطينية على الإبلاغ عن التطورات الإيجابية بين الجانبين لإعلام الناس بأن العلاقات الثنائية ليست كلها محبطة. على سبيل المثال، يمكنهم مناقشة التعاون الجاري في مجالات التجارة والأمن والرعاية الصحية والفلسطينيين الذين يدرسون في الجامعات الإسرائيلية، وما إلى ذلك. وبهذا المعنى، ينبغي لوسائل الإعلام أن تلعب دوراً حاسماً وأن تتحمل بعض المسؤولية في نشر المعلومات في الوقت المناسب حول الحاجة إلى التفاعلات بين الجمهور. وينبغي على وسائل الإعلام أن تنشر هذه الأحداث عند وقوعها، ويجب على كتاب الأعمدة والمعلقين تشجيع المزيد من هذه الأنشطة. علاوة على ذلك، يجب أن يتمتع الصحفيون الفلسطينيون بالحرية في تقديم التقارير من إسرائيل، ويجب أيضًا الترحيب بنظرائهم الإسرائيليين لتقديم التقارير من الدولة الفلسطينية. بالإضافة إلى ذلك، يجب على محطات التلفزيون والإذاعة أن تدعو الإسرائيليين والفلسطينيين إلى مناقشة القضايا المقلقة وذات الإهتمام لكلا الجانبين علناً، وذلك في سلسلة من المناقشات على غرار قاعاتالمدينة. وأخيراً، يمكن لوسائل الإعلام أن تلعب دوراً محورياً في تشكيل العلاقات الثنائية الإسرائيلية-الفلسطينية، مؤكدة على حقيقة أن هناك شعبين سيعيشان جنباً إلى جنب إلى أجل غير مسمى، وأن التعاون بينهما أمر حتمي لرفاههما ومستقبلهما.

إن فشل الجانبين في الاتفاق في الماضي على إنشاء قواعد الإشراك المذكورة أعلاه والتقيدبها يشير بوضوح إلى أن أياً من الطرفين لم يتفاوض بحسن نية. يجب على جميع القوى المؤثرة - وتحديداً إدارة بايدن بدعم قوي من ألمانيا والمملكة العربية السعودية ومصر - أن تستخدم ثقلها ونفوذها إلى الحد الأقصى الذي يقبل به الإسرائيليون والفلسطينيون القواعد المذكورة أعلاه إذا كانوا يريدون تحقيق السلام. وإلا فإن أي محادثات سلام جديدة لن تكون سوى ممارسة لا جدوى منها.

الخاتمة

إن إنشاء اتحاد كونفدرالي إسرائيلي - فلسطيني - أردني يمكن أن يلبي بشكل كامل التطلعات الوطنية لجميع شعوب البلدان الثلاثة. ستكون إسرائيل قادرة على تأمين والحفاظ على الهوية القومية اليهودية للدولة وديمقراطيتها، فضلاً عن اهتماماتها الأمنية القومية. وفي الوقت نفسه، ستحتفظ إسرائيل بالسيطرة الكاملة على الأماكن المقدسة اليهودية وستعمل مع الأردنيين والفلسطينيين على ضمان أمن جبل الهيكل بينما تظل القدس مدينة مفتوحة. وتحت مظلة الكونفدرالية، سيتمكن الفلسطينيون من إقامة دولة حرة ودولة مستقلة خاصة بهم ويعيشون بسلام وأمن إلى جانب الإسرائيليين.

إن السلام الإسرائيلي - الفلسطيني الذي سيؤدي إلى اتحاد كونفدرالي مع الأردن لن يحل الصراع الأكثر إضعافاً منذ الحرب العالمية الثانية فحسب، بل سيكون له أيضاً تداعيات إقليمية بعيدة المدى. سوف يمنع إيران والجماعات المتطرفة من استغلال الصراع الذي كانوا يستخدمونه كصرخة حاشدة ضد إسرائيل. كما أن السلام الإسرائيلي - الفلسطيني سيعيق طموح الرئيس التركي أردوغان لممارسة نفوذ غير مبرر في المنطقة، حيث يطمح إلى جعل تركيا القوة المهيمنة في المنطقة وزعيمة العالم الإسلامي السني. وأخيراً، فإن السلام الإسرائيلي - الفلسطيني من شأنه أن يسمح بتكوين *هلال سلمي* يضم دول الخليج الست مع الأردن وفلسطين وإسرائيل ومصر، ويمتد من الخليج إلى البحر الأبيض المتوسط. وقد يفتح هذا الباب أمام الولايات المتحدة لمد مظلة أمنية لجميع هذه البلدان، وهو ما من شأنه أن يحرر إيران وتركيا بشكل كبير من طموحاتهما الإقليمية.

وللتأكيد، يتعين على الإسرائيليين والفلسطينيين أن يتذكروا أن قدرهم كان محكوماً عليهم بالتعايش، إما في حالة من العداء والصراع المستمر، أو كجيران يعيشون في سلام وأمن ويستطيعون أن يزدهروا معاً. ويتعين عليهم الآن أن يختاروا الطريق هذا أم ذاك حيث لا يستطيع أي من الطرفين ابتكار أي بديل مستدام آخركما أظهرت الأعوام الثلاثة والسبعون الماضية بشكل واضح. وبالفعل، ليس هناك ما يستطيع أي من الطرفين القيام به لتغيير الواقع على الأرض. إن تداخل سكانها مع بعضهم البعض واستحالة بناء حدود صلبة وأهمية القدس وأمنهما القومي، كلها تتطلب منهم التعاون الكامل إلى جانب الأردن لتحقيق مفهوم الكونفدرالية، مع الحفاظ على استقلالهم وسلامة أراضي دولهم.

المراجع

أبو طعمة، خالد.2020. ""سيكون عدد اليهود والفلسطينيين متساويين في نهاية عام 2022"". جيروزاليم بوست، 31 ديسمبر/كانون الأول 2020.https://www.jpost.com/arab-israeli-conflict/number-of-jews-and-palestinians-will-be-equal-at-end-of-2022-653884 .

افتان ديليان، غريغوري. 2020. "الأردن وخطة ترامب للسلام". المركز العربي واشنطن العاصمة، 24 مارس2020 https://arabcenterdc.org/resource/jordan-and-trumps-peace-plan/.

اهرين، رافائيل. 2020. "في إسرائيل، وزير الخارجية الألماني يصف الضم بأنه غير قانوني، لكنه لا يهدد بفرض عقوبات". تايمز أوف إسرائيل، 10 يونيو، 2020.https://www.timesofisrael.com/in-israel-german-fm-calls-annexation-illegal-but-doesnt-threaten-sanctions/.

المغربي، نضال. 2013. "حماس تخطط لمزيد من اللغة العبرية في مدارس غزة". رويترز، 30 يناير 2013. https://www.reuters.com/article/us-palestinians-israel-hebrew/hamas-plans-more-enemy-language-hebrew-in-gaza-schools-idUSBRE90U02C20130131.

أرييلي وشاؤول ونمرود نوفيك.2018. "في واقع الضفة الغربية، الضم هو حلم كاذب". تايمز أوف إسرائيل، 4 مارس، 2018.https://www.timesofisrael.com/in-west-bank-reality-annexation-is-a-pipedream/.

ارلوسوروف، ميراف.2021. "إن عدد سكان إسرائيل ينمو بمعدل مذهل. هل هو على مستوى التحدي؟". هآرتس، 4 يناير 2021.https://www.haaretz.com/israel-news/.premium.MAGAZINE-israel-s-population-is-growing-at-a-dizzying-rate-is-it-up- -1.9410043.

أيوب، رامي.2021. "ميركل تكرم ضحايا المحرقة وتتعهد بالتزام ألمانيا تجاه إسرائيل". رويترز، 10 أكتوبر 2021. https://www.reuters.com/world/germanys-merkel-kicks-off-final-official-visit-israel-2021-10-10/.

بي بي سي نيوز. 2015. "محكمة مصرية تلغي إدراج حماس على القائمة السوداء للإرهاب". 6 يونيو 2015. https://www.bbc.com/news/world-middle-east-33034249.

بي بي سي نيوز. 2013. "إعلان جماعة الإخوان المسلمين في مصر "جماعة إرهابية"." 25 ديسمبر 2013. https://www.bbc.com/news/world-middle-east-25515932.

برايتمان، كيندال. 2015. "نتنياهو: لن توجد دولة فلسطينية في عهدي". بوليتيكو. 16 مارس 2015.
https://www.politico.com/story/2015/03/benjamin-netanyahu-palestine-116103.

ابراهيم، زوفين. 2015. "إسرائيل والأردن وفلسطين تتعهد بتنظيف نهر الأردن". القطب الثالث، 11 أغسطس 2015.
https://www.thethirdpole.net/en/regional-cooperation/clean-up-jordan-river/.

الوزارة الاتحادية للتعليم والبحث. "إسرائيل." تم الوصول إليه في 30 يوليو 2021.
https://www.bmbf.de/bmbf/en/international-affairs/worldwide-networking/israel/israel.html.

فيدرمان، جوزيف. 2021. "ميركل وبينيت الإسرائيلي يختلفان بشأن إيران والفلسطينيين". وكالة أسوشيتد برس، 10 أكتوبر 2021.
https://apnews.com/article/donald-trump-naftali-bennett-iran-europe-germany-dd9af805dc33a4e6c603cd24504879a6.

غال واسحق وبدر روك. 2018. "التجارة الإسرائيلية - الأردنية: تحليل متعمق". معهد توني بلير للتغير العالمي، 17 أكتوبر 2018.
https://institute.global/advisory/israeli-jordanian-trade-تحليل-عمق.

المنظمة الدولية للعمالة. 2020. "أوضاع العمال في الأراضي العربية المحتلة." 2020. https://www.ilo.org/wcmsp5/groups/public/---ed_norm/---relconf/documents/meetingdocument/wcms_745966.pdf.

نقابة الأخبار اليهودية. 2021. "ألمانيا والسلطة الفلسطينية توقعان اتفاقية تعاون بقيمة 117 مليون دولار". 17 سبتمبر 2021.
https://www.jns.org/germany-palestinian-authority-sign-117-million-cooperation-agreement/.

كامبياس، رون. 2021. "بينيت: إسرائيل لن تضم الأراضي أو تنشئ دولة فلسطينية في عهدي". تايمز أوف إسرائيل، 25 أغسطس 2021.
https://www.timesofisrael.com/bennett-israel-wont-annex-territory-or-stitute-palestinian-state-on-my-watch/.

كوراتش، ميشال ومايا جوشن.2018. "القدس حقائق واتجاهات." معهد القدس لأبحاث السياسات منشور رقم. 485،
https://jerusalminstitute.org.il/wp-.2018
content/uploads/2019/06/PUB_%D7%A2%D7%9C-
%D7%A0%D7%AA%D7%95%D7%A0
%D7%99%D7%99%D7%9A-
%D7%90%D7%A0%D7%92%D7%9C%D7%99%D7%AA-
2018-%D7%93%D7%99%D7
%92%D7%99%D7%98%D7%9C-
.%D7%A1%D7%95%D7%A4%D7%99_eng.pdf

لابين، يعقوب.2019. "دور ألمانيا في تطوير أسطول الغواصات التابع للبحرية الإسرائيلية". جنوب فلوريدا صن سينتينل، 3 يناير 2019. -https://www.sun
sentinel.com/florida-jewish-journal/fl-jj-germany-israel-navy-
.submarine-fleet-20190109-story.html

لاسنسكي.سكوت ب. 2003. "كيف نساعد اللاجئين الفلسطينيين اليوم." مركز القدس للشؤون العامة، 2 فبراير 2003. https://www.jcpa.org/jl/vp491.htm.

لازاروف، توفاه.2020. "بينيت: المنطقة (ج) في الضفة الغربية ملك لنا ونحن نخوض معركة من أجلها". جيروزاليم بوست، 8 يناير
https://www.jpost.com/israel-news/bennett-gov-policy-is-.2020
.that-area-c-belongs-to-israel-613543

المحلي(*The Local*). 2015. "الإسرائيليون والفلسطينيون يحبون ألمانيا". يناير
https://www.thelocal.de/20150112/israelis-and-palestinians-a-.12
./positive-view-of-germany

ماجد.هارون.2021. "العلاقة بين إسرائيل والأردن أفضل مما تبدو عليه". فورين بوليسي، 29 يوليو https://foreignpolicy.com/2021/07/29/israel-.2021
./jordan-palestine-bennett-netanyahu-abdallah-cold-peace

ماجد، يعقوب. 2020. "بعد 11 شهرًا من الإعلان، توقفت تراخيص البناء الإسرائيلية للفلسطينيين". تايمز أوف إسرائيل، 24 يونيو 2020.
https://www.timesofisrael.com/11-monthsafter-announcement-
./israeli-building-permits-for-palestinians-stalled

الجهاز المركزي للإحصاء الفلسطيني. 2020. "بمناسبة اليوم العالمي للشباب، الجهاز المركزي للإحصاء الفلسطيني يصدر بياناً صحفياً يوضح أوضاع الش -

باب في المجتمع الفلسطيني". 8 ديسمبر 2020.
https://www.pcbs.gov.ps/site/512/default.aspx?lang=en&ItemID
=3787.

المركز الفلسطيني للبحوث السياسية والمسحية.2018. "ملخص الاستطلاع: النبض الفلسطيني الإسرائيلي." 13 أغسطس 2018.
https://www.pcpsr.org/en/node/731.

المركز الفلسطيني للبحوث السياسية والمسحية. 2003. "نتائج استطلاعات الرأي التي أجراها لاجئو "الكفالة الخاصة"PSR في الضفة الغربية/قطاع غزة والأردن ولبنان حول تفضيلات اللاجئين وسلوكهم في اتفاقية اللاجئين الفلسطينية – الإسرائيلية الدائمة." يناير-يونيو 2003.
https://www.pcpsr.org/en/node/493.

رويترز. 2021. "وزير الخارجية المصري يلتقي نظيره الإسرائيلي في بروكسل".
11 يوليو 2021. https://www.reuters.com/world/middle-east/egypts-foreign-minister-meets-israeli-counterpart-brussels-2021-07-11/.

رويترز. 2018. "ولي العهد السعودي يقول إن للإسرائيليين الحق في أرضهم". 2 أبريل 2018. https://www.reuters.com/article/us-saudi-prince-israel/saudi-crown-prince-says-israelis-have-right-to-their-own-land-idUSKCN1H91SQ.

رودورين، جودي.2014. "الزعيم الفلسطيني يسعى لتكوين قوة حلف شمال الأطلسي في دولته المستقبلية." نيويورك تايمز، 2 فبراير 2014.
https://www.nytimes.com/2014/02/03/world/middleeast/44alesti
nian-leader-seeks-nato-force-in-future-state.html.

سلامة، فيفيان. 2017. ""سر مكشوف": المملكة العربية السعودية وإسرائيل تتغامزان." إن بي سي نيوز، 15 نوفمبر 2017.
https://www.nbcnews.com/news/mideast/open-secret-saudi-arabia-israel-get-cozy-n821136.

شوارتز، ياردينا. 2016. "حل المدرستين." فورين بوليسي، 18 مايو 2016.
https://foreignpolicy.com/2016/05/18/the-two-school-solution-israeli-arab-children-education-integration/.

تايمز أوف إسرائيل. 2020. "في الأردن، وزير الخارجية الألماني يوافق على منع الضم كأولوية". 1 يونيو 2020. https://www.timesofisrael.com/in-jordan-german-foreign-minister-agrees-preventing-annexation-a-priority/.

44

تايمز أوف إسرائيل. 2019. "ميركل تدعم حل الدولتين في اجتماعها مع عباس" 29
أغسطس 2019. https://www.timesofisrael.com/merkel-backs-two-
state-solution-in-meeting-with-abbas/.

ترامب، دونالد ج.2017. "بيان الرئيس ترامب بشأن القدس". 6 ديسمبر 2017.
https://trumpwhitehouse.archives.gov/briefings-
statements/statement-president-trump-jerusalem/.

وزارة خارجية الولايات المتحدة.2021. "مكالمة الوزير بلينكن مع رئيس الوزراء
الإسرائيلي نتنياهو". 12 مايو 2021. https://www.state.gov/secretary-
blinkens-call-with-israeli-prime-minister-netanyahu/.

مقدمة العدد الخاص:

الاحتلال الإسرائيلي المستمر قنبلة موقوتة

إذا شئت، فهو ليس حلماً.

تيودور هرتزل (1902)، الأرض الجديدة القديمة

خلال مؤتمر حوار الشرق الأوسط الذي عقدته منظمة دراسات السياسات في واشنطن العاصمة في مارس 2022، قدمت اقتراحًا جوهريا للسلام من شأنه، في حالة تنفيذه، إنهاء الصراع الإسرائيلي الفلسطيني من خلال تشكيل اتحاد كونفدرالي إسرائيلي –فلسطيني - أردني. وكان رد فعل الحضور على الاقتراح إيجابيا للغاية. وبعد مراجعة شاملة وبالتزامن مع المؤتمر، نشرت "الشؤون العالمية"(World Affairs)الاقتراح بالكامل في نفس الشهر (بن مئير 2022). ونظرًا لأهمية هذه الورقة بالنسبة للإسرائيليين والفلسطينيين وتداعياتها الإقليمية بعيدة المدى، عرضت مجلة "الشؤون العالمية" (World Affairs) نشر هذا العدد الخاص الذي يحتوي على تحليل وانتقاد بناء للخطة المقترحة من قبل خبراء لديهم معرفة مباشرة بالصراع الإسرائيلي -الفلسطيني.

ولتحقيق هذه الغاية، قمت بدعوة تسعة أفراد بارزين ـ من بينهم أكاديميون ودبلوماسيون سابقون وممارسون في مجال حل النزاعات ـ لتقديم تحليلهم للمقترح. يتضمن هذا العدد الخاص من مجلة"الشؤون العالمية" (World Affairs) تعليقاتهم البناءة التي تسلط مزيدًا من الضوء على أهمية الاقتراح بينما تقدم أيضًا ملاحظات مقنعة جدًا حول جوهره وكيف يمكن تعزيزه بشكل أكبر. وغني عن القول أن البعض أعربوا عن حق عن تحفظاتهم بشأن جوانب معينة من الاقتراح، مجادلين على وجه التحديد بأن الوقت ليس مناسبًا أو مثاليًا لمبادرة سلام جديدة. ولكن في الإجمال، يتفق الجميع على أنه بعد 73 عاماً من الجمود الذي اخترقته الحروب والعنف الشديد في كثير من الأحيان، فقد تأخر الوقت لتبني أساليب جديدة لتغيير ديناميكية الصراع الذي أصبح على نحو متزايد مستعصياً على الحل وربما متفجراً. أحد هذه الأساليب هو البدء في استكشاف إمكانية إنشاء اتحاد كونفدرالي إسرائيلي-فلسطيني-أردني، وهو جوهر اقتراحي، وإذا تمت متابعته بقوة، فقد يؤدي مع مرور الوقت إلى حل شامل ومستدام للصراع.

سأظل مدينًا إلى الأبد لإيما نورمان (Emma Norman)، رئيسة تحرير مجلة "الشؤون العالمية"(World Affairs) لفكرتها المتمثلة في نشر هذه الطبعة الخاصة وتنظيم وجهات النظر المختلفة لموازنة مزايا الكونفدرالية ولتشجيعها القوي في نشر الاقتراح من خلال هذه المجلة وفي العديد من الأماكن الأخرى. كما أنني ممتن جدًا

لدانيال جوتيريز-ساندوفال (Daniel Gutierrez-Sandoval)، المدير التنفيذي لمنظمة دراسات السياسات، لمساعدته التي لا تقدر بثمن طوال العملية، ولبول ريتش (Paul Rich)، رئيس منظمة دراسات السياسات الذي أدين له بامتناني العميق والصادق لجهوده التي لا تتزعزع. دعم كل مشروع قمت به لتعزيز السلام الإسرائيلي - الفلسطيني على مدى سنوات عديدة من الصداقة والتعاون الثمين. أود أيضًا أن أشكر مساعدي الثلاثة المتميزين أربانا كسهارا (Arbana Xharra)، وكيمبرلي هورلي (Kimberlee Hurley)، وسام بن مئير(Sam Ben-Meir) لمساعدتهم التي لا تقدر بثمن في جعل هذا المشروع حقيقة.

أشعر بالفخر والتقدير العميق للمساهمين التسعة المؤهلين بشكل فريد من إسرائيل وفلسطين والأردن والولايات المتحدة الذين جعلوا هذا المشروع ممكنًا. وأنا ممتن للغاية لكل واحد منهم على الرؤية والخبرة التي لا تقدر بثمن التي ساهموا بها في هذه المناقشة، ناهيك عن الوقت والطاقة والجهد الذي كرسوه لقضية السلام الإسرائيلي - الفلسطيني. لقد عملوا بشكل جماعي على تحفيز النقاش حول العديد من القضايا الأساسية التي ابتلي بها الإسرائيليون والفلسطينيون لأكثر من سبعة عقود، مع توفير رؤية إضافية فيما يتعلق بتعقيد الصراع وكيف يمكن تخفيف ذلك لتحقيق سلام إسرائيلي - فلسطيني مستدام.

ألون ليل (Alon Liel) هو محلل سياسي ودبلوماسي سابق عاش وتنفس الصراع الإسرائيلي - الفلسطيني طوال حياته. وهو من بين هؤلاء الإسرائيليين الذين يشعرون أن الظلم الواقع على الفلسطينيين يعرض مستقبل إسرائيل للخطر. وهو لا يزال واضحا في زعمه بأن الفلسطينيين لديهم حق أصيل في تقرير المصير واستيفاء حقوقهم الإنسانية والوطنية. لا ينبغي لإسرائيل، تحت أي ظرف من الظروف، أن تتوقف عن السعي من أجل السلام، والآن، وقد حققت إسرائيل مكانة إقليمية ودولية ذات معنى، فإن هذا هو الوقت المناسب لتقديم عرض إسرائيلي سخي لإصلاح الأضرار الجسيمة التي لحقت بالفلسطينيين وتضميد الجراح التي لحقت بهم بسبب عقود من الاحتلال.

باعتباره أكاديميًا، يعد **محمد أبو نمر** (Mohammed Abu-Nimer) أحد المثقفين الأكثر دقة الذين ينظرون إلى الصراع الإسرائيلي - الفلسطيني من منظور الظلم الذي وقع على الفلسطينيين. فبفضل خبرته التطبيقية الواسعة في حل النزاعات والحوار، يقدر الدكتور أبو نمر تمامًا ديناميكيات القوة للصراعات العميقة الجذور والمستعصية، وخاصة دور الأبعاد النفسية والعاطفية للصراع، والتي تعد أهميتها أساسية لإيجاد حلّ دائمللصراع.. إنه يقدم وجهة نظر لا تقدر بثمن حول حق الفلسطينيين غير القابل للتصرف في دولة مستقلة كشرط أساسي لإيجاد سلام مستدام.

باول شام (Paul Scham) أكاديمي أمريكي قام بالتدريس والكتابة عن الصراع الإسرائيلي - الفلسطيني لأكثر من 30 عامًا. بالنسبة له، إنها لكارثة أن الاحتلال ومحنة الفلسطينيين أصبحا الآن روتينيين إلى حد أنه من السهل على معظم الإسرائيليين أن يتظاهروا بعدم وجودهما. وهو يعتقد أن الحل الذي يحترم التطلعات

الوطنية لكلا الشعبين ويأخذ في الاعتبار الكامل ارتباطهما التاريخي والديني بأرض فلسطين/إسرائيل بأكملها هو وحده الذي يمكن أن يحقق السلامتحت مظلة الحل الكونفدرالي.

ماجدة عمر (Majeda Omar) هي باحثة لها خبرة يومية مع الفلسطينيين داخل الأردن وخارجه. لسبب وجيه، فهي تتعاطف مع الفلسطينيين وتشعر بقوة أن الوقت قد فات لإنهاء معاناتهم ليس فقط لأن هذا هو الشيء الصحيح الذي ينبغي عمله، ولكن أيضًا لأنه لن يتحقق أي سلام بين إسرائيل والفلسطينيين ما لم ينتهي الاحتلال الإسرائيلي ويقيم الفلسطينيون دولتهم. وبالنسبة للدكتورة ماجدة عمر، فإن تحقيق العدالة للفلسطينيين هو المفتاح لتغيير ديناميكية الصراع الذي سيسمح لكلا الجانبين بالعيش في سلام ووئام.

دانييل بار تال (Daniel Bar-Tal) هو أحد أبرز علماء النفس السياسي في إسرائيل الذي يدرس ويكتب على نطاق واسع حول البعد النفسي للصراع الإسرائيلي - الفلسطيني. ويعتقد بحق أن إحدى العقبات الرئيسية أمام إيجاد حل دائم هي أن أياً من الطرفين لم يحاول بشكل جدي تخفيف الجانب النفسي للصراع. ويؤكد أنه ما لم يبذل الجانبان جهدا كبيرا لفهم عقلية الطرف الآخر، والتي تشكلت عبر عقود من السرد التاريخي المشوه، والصراعات العنيفة، والاحتلال المستمر، فإن البحث عن حل سلمي يظل بعيد المنال في أحسن الأحوال. وهو يؤكد أن المناخ الدولي الحاليوعدم التماثل الهائل للصراع، وخاصة آراء الزعماء والسكان اليهود الإسرائيليين، غير مواتية إلى حد كبير للحل السلمي للصراع الإسرائيلي - الفلسطيني.

لقد عاش **عيسى صراس** (Issa Saras) واختبر واقع الحياة في فلسطينفي مواجهة تأثير الاحتلال الإسرائيلي، والصعوبات في ظل حكم السلطة الفلسطينية، وأوجه القصور في التدخل الغربي. لقد ساعد في إنشاء البنية التحتية الأولى للإنترنت في فلسطين، وبالتالي تسهيل الإتصال والتواصل بين المنظمات غير الحكومية الفلسطينية والأفراد، بما في ذلك الإسرائيليين. ويقدم أفكاره حول كيفية وقوع الفلسطينيين بين الاحتلال الإسرائيلي والفساد المستشري في السلطة الفلسطينية دون أي طريق واضح للسلام. ويؤكد أن الجمهور الفلسطيني، إذا تُرك لشأنه، يفقد الأمل وينجذب عن غير قصد نحو التطرف، مما يزيد من حدة الصراع.

تسفي بيسك (Tsvi Bisk) هو عالم مستقبلي دافع عن حل الدولتين باعتباره الخيار الأمثل لإنهاء الصراع الإسرائيلي -الفلسطيني وفكر بعمق فيما سيتضمنه هذا وما يتطلبه في النهاية - بما في ذلك اتفاقيات مؤقتة مهمة كجزء من استراتيجية كبرى طويلة المدى. علاوة على ذلك، فهو يعتقد أن التهديد الحقيقي لبقاء إسرائيل على المدى الطويل يأتي من الانقسامات الاجتماعية والسياسية والاقتصادية في المجتمع الإسرائيلي، ويقول أن حل الصراع الإسرائيلي - الفلسطيني سوف يسمح لإسرائيل بالتركيز على "العدو من الداخل". والتغلب عليه أمر أساسي لبقائها.

تضمنت خبرة **نبيل كوكالي** (Nabil Kukali) الطويلة كباحث في استطلاعات الرأي قياس نبض الصراع الإسرائيلي -الفلسطيني بانتظام، حيث تعرف بشكل مباشر على المشاعر السائدة لدى الفلسطينيين فيما يتعلق بإسرائيل والعواقب الوخيمة المحتملة لاستمرار الاحتلال. ويحظى الدكتور كوكالي بتقدير واحترام كبيرين في مجال استطلاعات الرأي، ليس على المستوى الإقليمي فحسب، بل على الساحة الدولية أيضا. إن فهمه للعقلية الإسرائيلية يوفر مقياساً إضافياً للجودة لاستيعابه الشامل لما قد يتطلبه الأمر من أجل التوصل إلى حل كريم للصراع الإسرائيلي - لفلسطيني، وخاصة وأن التعايش واقع لا يستطيع أي من الطرفين تغييره.

يعد **هيليل شينكر** (Hillel Schenker) أحد أشد المراقبين للصراع الإسرائيلي– الفلسطينيالذي كرس ما يقرب من ثلاثة عقود للبحث عن سلام عادل بين الطرفين. وبصفته المحرر المشارك لمجلة فلسطين-إسرائيل، فقد قدم مساهمة كبيرة في فهم التأثير المزعج للغاية للاحتلال الإسرائيلي على كلا الجانبين ولماذا يجب أن ينتهي على أساس حل الدولتين. وهو يعتقد أن كلا من اليهود والفلسطينيين لديهم الحق المتبادل في تقرير المصير الوطني، وأن الفلسطينيين لديهم حق أصيل في دولة خاصة بهم، وهو شرط أساسي لإنهاء التآكل الأخلاقي لإسرائيل الناجم عن الاحتلال في حينسماح إسرائيل بإقامة دولة سيجعل البلد أكثر أمنا وسلاما.

أساس الكونفدرالية

إن فحوى اقتراحي لإنهاء الصراع الفلسطيني - الإسرائيلي في سياق إنشاء كونفدرالية إسرائيلية –فلسطينية - أردنية يرتكز على عدة حقائق ويختلف في عدة جوانب عن المقترحات الأخرى بشأن إنشاء كونفدرالية إسرائيلية- فلسطينية التي تم الترويج لها على مدى العقدين الماضيين. وألخص هنا النقاط الرئيسية للاقتراح الكامل السابق (بن مئير 2022) قبل الانتقال إلى الأسئلة ذات الصلة.

أولاً، منذ بداية الاحتلال الإسرائيلي للضفة الغربية وغزة قبل أكثر من 55 عاماً، نشأت على الأرض العديد من الحقائق الجديدة التي لا يمكن تغييرها إلا بأحداث كارثية: وعلى وجه الخصوص، تداخل الإسرائيليين والفلسطينيين المقيمين في الضفة الغربية والقدس، وفي إسرائيل ذاتها الذين لا يمكن فصلهم؛ والمستوطنات الإسرائيلية في الضفة الغربية، والتي يجب أن تبقى غالبيتها في مكانها؛ والأمن القومي المتشابك للإسرائيليين والفلسطينيين؛ والعدد الهائل من اللاجئين الفلسطينيين الذي جعل حق العودة غير قابل للتنفيذ والذين لا يمكن معالجة مطالبهم إلا من خلال إعادة التوطين و/أو التعويض.

ثانياً، بغض النظر عن الحقائق العديدة المتغيرة على الأرض كما ذكرنا أعلاه، إلى جانب الرياح السياسية المتغيرة على مدى العقود السبعة الماضية وأعمال العنف المتكررة بين إسرائيل والفلسطينيين، فإن الشرط الأساسي لإقامة دولة فلسطينية مستقلة على أساس حل الدولتين هو شرط أساسي لإقامة دولة فلسطينية مستقلة على

أساس حل الدولتين يظل الحل الأساسي للتوصل إلى اتفاق سلام. ومع ذلك، ونظراً للعلاقات الأمنية والاقتصادية المتشابكة وارتباطها التاريخي والديني المتبادل بالأرض، وخاصة بالقدس، فإن إقامة الدولة الفلسطينية لا يمكن أن تتحقق إلا في سياق كونفدرالية إسرائيلية -ـفلسطينية-أردنية.

ثالثاً، إشراك الأردن المباشر وغير المباشر في الصراع الإسرائيلي - الفلسطيني ومصلحته الوطنية الجوهرية في حل جميع القضايا المتضاربة بسبب قربه من كل من إسرائيل والضفة الغربية، وأمنه القومي المتشابك مع كلا الجانبين، ودوره كحارس للأماكن المقدسة الإسلامية والمسيحية في القدس، وتكوينه الديموغرافي الذي يتراوح بين 50 و 70 في المائة من أصل فلسطيني[14] وعلاقاته الطبيعية الحالية مع كل من إسرائيل والفلسطينيين، كلها مجتمعة *تجعل الأردن دولة لا غنى عنها كدولة ثالثة في الاتحاد الكونفدرالي* والتي بدونها لن توافق إسرائيل على حل الدولتين أو على اتحاد كونفدرالي ثنائي مع الفلسطينيين وحدهم.

رابعاً، منذ الانتفاضة الثانية في عام 2002 على وجه الخصوص أصبح الإسرائيليون مقتنعين من خلال التلقين المنهجي إلى حد كبير من قبل القادة اليمينيين بأن الدولة الفلسطينية سوف تشكل تهديداً وجودياً لبلادهم، وبالتالي لا بد من منعها من التحقق على الإطلاق. وبالنسبة لمعظم الإسرائيليين أصبح الاحتلال تدريجيا أمرا طبيعيا. وبما أن إسرائيل تعلمت كيفية احتواء العنف الفلسطيني من خلال تطوير أجهزة أمنية واستخباراتية متطورة للغاية، فإن معظم الإسرائيليين لا يرون أي إلحاح أو حاجة لإنهاء الاحتلال أو تغيير *الوضع الراهن*، متجاهلين حقيقةأنه يحمل إسرائيل عواقب وخيمة.

خامساً، بما أن الصراع الإسرائيلي - الفلسطيني أصبح مستعصياً على الحل على نحو متزايد، وبما أن المناخ السياسي والأمني الحالي يبدو غير مؤاتٍ لاستئناف مفاوضات السلام، فإن اتباع نهج جديد وخلاق يصبح أمراً بالغ الأهمية لتغيير ديناميكية الصراع. إن إنشاء اتحاد كونفدرالي ثلاثي إسرائيلي– فلسطيني- أردني سوف يسمح لإسرائيل بالحفاظ على ديمقراطيتها وحماية أمنها القومي ودعم هويتها القومية اليهودية. سوف يحقق الفلسطينيون تطلعاتهم إلى إقامة دولة، ويعيشوا في سلام، ويتمتعوا بعلاقة حسن جوار مفيدة مع إسرائيل وسيحافظ الأردن على استقلاله مع مواصلة تعزيز أمنه الوطني وتنميته الاقتصاديةوحل قضية اللاجئين الفلسطينيين الخاصة به. وفي ظل ظروف السلام هذه، سوف تنمو وتزدهر الدول الثلاث معًا، وتخلق سلامًا إقليميًا أوسع نطاقًا.

وأخيراً، ونظراً للوضع المزري المستمر للفلسطينيين في الضفة الغربية في ظل الاحتلال والحصار حول غزة، إلى جانب محنة اللاجئين الفلسطينيين المستمرة منذ 73 عاماً والعداء الفلسطيني المتزايد وازدراء الإسرائيليين، فقد أصبح الاحتلال بمثابة

---

[14] راجع https://foreignpolicy.com/2021/10/15/jordan-palestine-israel-annex-west-bank-israel-occupation/.

قنبلة موقوتة. أجل، يمكن أن تحدث انتفاضة فلسطينية على نطاق عنيف غير مسبوق في أي وقت يشعلها حادث عنيف واحد؛ ولا يمكن لإسرائيل أن تنكر مثل هذا الاحتمال إلا على مسؤوليتها الخاصة.

سأتناول في الصفحات التالية هاتين القضيتين الحاسمتين: الاحتلال يصبح متفجرًا بشكل متزايد مع مرور كل يوم، ومحنة اللاجئين أصبحت أكثر صعوبة وأصعب من أي وقت مضى في حلها. وعلى أية حال، من المهم أن نشرح أولاً لماذا قد لا يبدو المناخ ملائماً لاستئناف مفاوضات السلام، والأهم من ذلك، لماذا يجب علينا أن نسعى جاهدين لتغيير ديناميكية الصراع من خلال تقديم أفكار جديدة لبدء عملية مصالحة واسعة النطاق. وهذا سيخلق مناخاً جديداً مقنعاً يؤدي إلى اتفاق سلام ويحول دون وقوع كارثة أكبر في المستقبل.

اذا ليس الآن، متى؟

في مناقشة الصراع الإسرائيلي - الفلسطيني على مدى السنوات العديدة الماضية مع أفراد من خلفيات متنوعة - بما في ذلك الأكاديميين والمسؤولين الحكوميين الحاليين والسابقين و الدبلوماسيين والإسرائيليين العاديين والفلسطينيين والأردنيين، وكذلك الغرباء، بما في ذلك الأميركيين والأوروبيين والعرب - برز موضوع واحد سائد: أن البيئات الدولية والإقليمية والسياسية في إسرائيل وفلسطين ليست مواتية لأي مبادرة سلام جديدة. ولكن عندما يُسألون متى يعتقدون أن الوقت سيكون مناسباً لاستئناف مفاوضات السلام وتحت أي ظروف، لا يستطيع أحد أن يقدم أي جدول زمني محدد. والرأي العام هو أن التغيير الأساسي في ديناميكية الصراع يجب أن يحدث أولاً لخلق بيئة مواتية لاستئناف *محادثات سلام ذات مصداقية* يمكن أن تؤدي إلى حل دائم. ولكن، ما هو نوع التغيير الأساسي، ومن قد يعجل به، ومتى، تظل أسئلة مفتوحة. ومن المؤسف أن هذه هي النظرة السائدة للوضع اليوم.

في إسرائيل، يتطرق كل زعيم سياسي تقريبًا باستمرار إلى مخاوف الأمن القومي للبلاد، لكنه يظل صامتًا إلى حد كبير بشأن الحاجة إلى حل الصراع الإسرائيلي - الفلسطيني *الذي يعد أساسيًا للأمن القومي الإسرائيلي، وله عواقب مباشرة على الأمن القومي الإسرائيلي الآن وفي المستقبل المنظور*. قد يعتقد المرء أن حكومة بينيت- لابيد التي تتألف من ثمانية أحزاب من أقصى اليسار إلى أقصى اليمين، بما في ذلك حزب عربي واحد، كانت ستجعل من حل الصراع أولوية قصوى؛ للأسف، لم يكن هذا هو الحال. وفي الواقع، وافقت الحكومة الائتلافية على القيام بالعكس تماماً. وبما أن قيادة الأحزاب السياسية في الحكومة الائتلافية لم تتمكن من التوصل إلى أي توافق حول أي حل مرتقب، *فقد اتفقت جميعها على عدم التعامل مع الصراع الفلسطيني*، كما لو كان مجرد قضية هامشية. وبينما تتنافس الأحزاب السياسية في وقت كتابة هذه السطور على الانتخابات البرلمانية في نوفمبر/تشرين الثاني، لم يكن هناك أي نقاش تقريبًا حول الصراع الفلسطيني. وبدلاً من ذلك، كان التركيز في الأساس على

الطموح السياسي لكل وزير على حدة، والمنصب الذي سيشغله إذا انضم حزبه إلى الحكومة الائتلافية الجديدة، وإلى أي رقم سيتم إدراجه في قائمة كل حزب المقدمة إلى اللجنة الانتخابية. وفي الواقع، نادراً ما يتم ذكر الاحتلال، فلا توجد احتجاجات عامة لإنهاءه، ولا يتحدث أي زعيم سياسي من أي مكانة عن الحاجة الملحة إلى إيجاد حل.

إن الوضع بين الفلسطينيين سخيف مثل وضع الإسرائيليين. هم منقسمون بين السلطة الفلسطينية المعتدلة في الضفة الغربية وحركتي حماس والجهاد الإسلامي المتطرفتين في غزة. لقد فشلت جهودهم من أجل الوحدة مراراً وتكراراً، حيث لا يرغب أي من الطرفين في التنازل عن دوره القيادي، ولا يستطيعان الاتفاق على كيفية معالجة صراعهما مع إسرائيل. علاوة على ذلك، فإن السلطة الفلسطينية عالقة في روايتها القديمة والمتعبة بشأن الاحتلال الإسرائيلي، ولكنها لا تقدم أي مبادرة جديدة لاستئناف المفاوضات. وبدلاً من ذلك، وضعت شروطاً مسبقة لاستئناف محادثات السلام، مثل حق العودة للفلسطينيين وإزالة المستوطنات الإسرائيلية، مع العلم تمام العلم أن إسرائيل سوف ترفض صراحة كلاً منها باعتباره غير قابل للنقاش. وعلى الرغم من الجمود المستمر، فإن السلطة الفلسطينية بقيادة محمود عباس سعيدة بأوضاعها المريحة والمربحة وترفض إجراء انتخابات جديدة خوفاً من احتمال فوز حماس، في حين تشن أيإجراء صارم على أي مقاومة لحكمها.

ومن ناحية أخرى، تواصل حماس التبشير" بإنجيل" تدمير إسرائيل رغم أنها تعلم أن تطلعها إلى محو إسرائيل من على الخريطة هو وهم في أحسن الأحوال وانتحار في أسوأ الأحوال. فبعد أربع حروب مع إسرائيل وأعمال عنف متقطعة بينهما، توصلوا (دون الاعتراف بذلك صراحة علناً) إلى أن إسرائيل موجودة لتبقى، وأنه ليس لديهم خيار سوى التعاون ضمنياً مع إسرائيل على العديد من المستويات والحفاظ على الهدوء النسبي الحالي لأنهم يعتمدون على تعاون إسرائيل المستمر. تتلقى حماس في الواقع إمداداتها من الطاقة والإمدادات الطبية وتحويلات الأموال ومواد البناء من إسرائيلالتي تسمح أيضًا لـ 15.500 فلسطيني من غزة بالعمل في إسرائيل (مع خطط مبدئية لزيادة العدد إلى 20.000) لجلب الإيرادات التي تشتد الحاجة إليها من قبل السكان الفلسطينيين اليائسين الذين سئموا الحرب والدمار والتي لا تستطيع حماس أن ترفضها (فابيان 2022). ومن خلال الوساطة المصرية تتفاوض حماس أيضًا ضمنيًا مع إسرائيل بشأن مجموعة من القضايا، ومع ذلك لا تزال قيادتها ترفض الاعتراف بإسرائيل لأنها ترى أن أي تخلي عن موقفها العسكري علامة ضعف يمكن أن تخفف قبضتها على السلطة.

استمرار عجز الفلسطينيين

تأمل كل من السلطة الفلسطينية وحماس بحماقة أن يتحسن وضعهما بمرور الوقت، وهذا مجرد وهم آخر. فبدلاً من تلبية احتياجات الناس، يتنافس كل فصيل سياسي على إطاحة الآخر. من المؤكد أن القيادة الفلسطينية، المعتدلة والمتطرفة على حد سواء، خذلت شعبها مراراً وتكراراًوأضاعت العديد من الفرص لإنهاء الصراع مع إسرائيل، مستخدمة الشعب كبيادق في لعبة حافة الهاوية للتفوق على بعضها البعض من أجل

الاستهلاك العام وفي موقفهم تجاه إسرائيل.[15] ومن المؤسف أن القادة الفلسطينيين لم يتعلموا بعد أي شيء من إخفاقاتهم الفادحة على مدى عدة عقود.كان فشلهم الأخير هو رد فعلهم على اتفاقيات إبراهيم بين إسرائيل والإمارات العربية المتحدة والبحرين والمغرب والسودانالتي خلقت مناخًا أكثر ملاءمة لاستئناف مفاوضات السلام. فبدلاً من الاستفادةمن الاتفاقيات (التي تحظر على إسرائيل ضم المزيد من الأراضي الفلسطينية) والإشارة إلى إسرائيل باستعدادها لاستئناف مفاوضات السلام دون قيد أو شرط والانضمام في نهاية المطاف إلى اتفاقيات أبراهيم، فقد أدانوا هذه الاتفاقيات التاريخية. ونتيجة لذلك، فقد ألحقوا المزيد من الضرر بمطلبهم المشروع بإقامة دولة، كما هو الحال تجاه إسرائيل، وهو ما يدل على رفضهم المستمر لاستئناف محادثات السلام بشكل جدي. علاوة على ذلك، لقد فشلوا في إدراك أن اتفاقيات إبراهيم تسمح للدول العربية بممارسة نفوذ سياسي أكبر على إسرائيل نيابة عن الفلسطينيين، خاصة وأن إسرائيل تريد توسيع الاتفاقيات لتشمل دولاً عربية أخرى. كان بإمكان الفلسطينيين الاستفادة الكاملة من البيئة السياسية الجديدة بين إسرائيل والدول العربية التي خلقتها الاتفاقيات، ولكن بدلاً من ذلك أصبحت هذه فرصة ضائعة أخرى في سلسلة من الفرص الضائعة. وفي هذه الأثناء، لا يزال الشعب الفلسطيني يعاني في ظل قيادته غير الكفوءة التي تفقد بشكل مطرد بوصلتها السياسية والأخلاقية.

لا عجب أن الدول العربية أصبحت أيضًا تشعر بالضجر من الصراع الإسرائيلي - الفلسطيني، وعلى الرغم من استمرارها في دعم سعي الفلسطينيين إلى إقامة دولة مستقلة، إلا أنها أصبحت الآن أكثر تركيزًا على التهديدات التي يتعرض لها أمنها القومي والتي تنبع من إيران والجماعات الجهادية والإسلاميين المتطرفين، مثل منظمة حزب الله الشيعية. لقد أصبحوا ينظرون إلى إسرائيل باعتبارها دعامة وليس خصما يمكن الاعتماد عليه باعتباره في خط الدفاع الأمامي لمنع إيران الشيعية من تحقيق طموحها في أن تصبح القوة المهيمنة في المنطقة. ويشير تطبيع العلاقات بموجب اتفاقيات إبراهيم إلى تحول جذري في أولويات الدول العربية. وعلى الرغم من أنهم لم يتخلوا عن القضية الفلسطينية، إلا أنهم سئموا من بقاء الفلسطينيين في موقفهم ذو الطريق المسدود. وعلى هذا النحو، لا ترى الدول العربية ضرورة ملحة لإيجاد حل للصراع، *طالما أن إسرائيل لم تضم المزيد من الأراضي الفلسطينية* واستمرارالتحكم في العنف الإسرائيلي - الفلسطيني المتقطع والقدرة على منع أي تصعيد كبير.

---

[15] لقد رفض الفلسطينيون، بدعم من الدول العربية، عرض إسرائيل بتسليم جميع الأراضي التي احتلتها في عام 1967 باستثناء القدس مقابل السلام.وقد صيغ رفضهم في الخرطوم من خلال إصدار قرار بالإجماع، عُرف بـ "لاءاته الثلاث: لا للمفاوضات، ولا للاعتراف، ولا للسلام."فقد رفض الفلسطينيون دعوة الرئيس المصري الراحل أنور السادات للانضمام إلى مفاوضات السلام في عام 1974. ورفض رئيس السلطة الفلسطينية عرفات اتفاق سلام شبه كامل في كامب ديفيد في عام 2000 والعديد من الفرص الأخرى الضائعة للتوصل إلى اتفاق سلام بينهما.

إن الولايات المتحدة التي لا تزال أهم محاور بين إسرائيل والفلسطينيين والتي بذلت جهودا متكررة في العقود الثلاثة الماضية للتوسط في حل للصراع بينهما، قد تخلت بشكل أساسي عن محاولة إيجاد حل سلمي. فخلال زيارته للمنطقة في الفترة من 13 إلى 16 يوليو / تموز 2022 لم يتطرق الرئيس بايدن أكثر من بعض كلمات التملّقللصراع، موضحًا أن البيئة السياسية بين الجانبين لا تصلح للقيام بأي مبادرة سلام جديدة. علاوة على ذلك، وبالنظر إلى الصراع السياسي الداخلي في البلاد منذ وصول ترامب إلى السلطة في عام 2017، من بين عدد كبير من المشاكل الداخلية الأخرى، بالإضافة إلى التوتر مع الصين والمفاوضات المطولة مع إيران بشأن برنامجها النووي وحرب روسيا ضد أوكرانيا، فمن غير المرجح إلى حدّ كبير أن تسعى إدارة بايدن إلى تسوية مشكلة مستعصية على الحل مثل الصراع الإسرائيلي - الفلسطيني فوق تلك المخاوف والصراعات الأخرى الأكثر إلحاحاً التي تواجه أمريكا.

وأخيرا، فإن الاتحاد الأوروبي المستمر في التواصل مع الإسرائيليين والفلسطينيين على العديد من المستويات، ومثل الولايات المتحدة لديه مصالح جيواستراتيجية قوية في المنطقة، يجد نفسه في حيرة من أمره ولم يحرز أي تقدم على مدى العقد الماضي لتعزيز عملية السلام الإسرائيلية - الفلسطينية. لقد امتنع الاتحاد الأوروبي عن اتخاذ أي مبادرة سلام جديدة في السنوات الأخيرة، مستسلماً للفكرة السائدة بأن الوقت لم يحن بعد للقيام بأي هجوم سلام جريء؛ وبدلاً من ذلك، استقر الإتحاد الأوروبي عن غير قصد على *الوضع الراهن*. وتماما مثل الولايات المتحدة، يواجه الاتحاد الأوروبي نصيبه الخاص من المشاكل الناجمة جزئيا عن مشاحناته الطويلة الأمد بشأن خروج بريطانيا من الاتحاد الأوروبي والعلاقات المثيرة للقلق مع الولايات المتحدة خلال إدارة ترامب والقلق المستمر بشأن الخطاب السياسي الحالي في أمريكا. وهم في الوقت الحاضر منشغلون بالحرب الروسية - الأوكرانية وتداعياتها الأمنية، بما في ذلك عدم الاستقرار الاقتصادي الناجم عن انقطاع إمدادات الطاقة وعدم اليقين في المستقبل. ونظراً لمخاوفه المباشرة، فقد استسلم الاتحاد الأوروبي للظروف السائدة - حيث يمكن أن ينتظر حل الصراع الإسرائيلي - الفلسطيني ليوم آخر.

الخطر الذي يبدو أن كافة الأطراف المعنية تتجاهله هو أنه على الرغم من أن *الوضع الراهن* بين إسرائيل والفلسطينيين قد يسود على السطح لفترة أطول قليلاً، ولنقل ثلاث إلى أربع سنوات، إلا أنه من غير الممكن أن يستمر لفترة أطول من ذلك بكثير. لا بد أن تنفجر في وجه كل من لا يدرك خطورة غياب الحل والعواقب الوخيمة. وبالفعل، أن الأمر لا يتعلق بما إذا كان الفلسطينيون سوف ينهضون ويلجأون إلى العنف، بل متى، الأمر الذي يجعل الانتفاضة الثانية في عام 2000 تبدو وكأنها مجرد بروفة. والإسرائيليون الذين يعيشون في حالة إنكار الوضع سوف يضطرون عاجلاً وليس آجلاً إلى مواجهة الحقيقة المرة. المشكلة الفلسطينية لن تنتهي وسوف تستمر في مطاردتهم ولن تقدم لهم أي راحة. فضلاً عن ذلك، فإن الصراع مع الفلسطينيين سوف يستمر في تقوية ألد أعداء إسرائيل، إيران ووكيلها حزب الله في لبنان، وهي الوصفة المثالية التي يحتاجون إليها لزعزعة استقرار المنطقة وتهديد أمن إسرائيل القومي بشكل مستمر. وبينما تستطيع إسرائيل أن تنتصر عسكرياً على أي من أعدائها، ولو

بتكلفة متزايدة من الدماء والمال، فإنها لا تستطيع أن توقف التهديد الأكثر خطورة على الإطلاق ـ التآكل المميت الناتج عن احتلالها الوحشي المستمر لذلك الأساس الأخلاقي الذي تأسست عليه البلاد.

يتعين على الفلسطينيين، المعتدلين والمتطرفين على حد سواء، أن يدركوا أيضاً أن إسرائيل موجودة لتبقى، بصرف النظر عما يقولونه أو يفعلونه أو يخططون له ومصيرهم متشابك مع إسرائيل. لا يمكنهم أن يعيشوا ويزدهروا ويشعروا بالأمن والأمان إلا إذا شعرت إسرائيل بنفس الشيء. ولكن طالما أن أي شريحة من السكان الفلسطينيين ـ وخاصة حماس والجهاد الإسلامي، اللتين لا تمثلان غالبية السكان الفلسطينيين ـ تشكل تهديدا لوجود إسرائيل، مهما كان ذلك وهميا، فإنها ستظل توفر لإسرائيل العذر المثالي للإبقاء على حصارها والسماح للفلسطينيين بمواصلة المعاناة تحت الاحتلال. والآن يتعين على الفلسطينيين أن يفهموا أنه بعد 55 عاماً من الاحتلال، لم يسفر ترسيخ إسرائيل في الأراضي المحتلة إلا عن تعمق، وأن استمرار المقاومة العنيفة يصب في مصلحة الإسرائيليين اليمينيين الذين أصبحوا يشكلون الأغلبية ويعارضون إنشاء دولة فلسطينية. ومن الأفضل للفلسطينيين أن يتذكروا أنه في حين تعارض الدول العربية الاحتلال وتدعم إنشاء دولة فلسطينية مستقلة، فإن تطبيع العلاقات مع إسرائيل لم يعد مشروطاً بإرجاع إسرائيل الأراضي الفلسطينية. إن دعمهم بالإجماع في الماضي للفلسطينيين قد أفسح المجال الآن لانطلاق مخاوفهم الأمنية الوطنية المباشرة ورفاهتهم الاقتصادية.

إن تغيير ديناميكية الصراع سيتطلب نظرة فاحصة من منظور إنساني إلى عنصريه الرئيسيين؛ وهي *الاحتلال ومصير اللاجئين الفلسطينيين*. لقد شكل هذان العاملان معًا طبيعة الصراع وخلقا ظروفًا جديدة على الأرض *لا يستطيع سوى الإسرائيليون والفلسطينيون أنفسهم معالجتها بفعالية* بدعم من الولايات المتحدة والاتحاد الأوروبي والمملكة العربية السعودية ومصر. لقد ساهم الطرفان في الأزمة الإنسانية وانعكاساتها الوخيمة على تعايشهما الذي يظل واقعاً ثابتاً غير قابل للتغيير. *أعتقد أن العرض المستمر للبعد الإنساني للصراع بألوان زاهية* هو وحده الكفيل بدق ناقوس الخطر بأن الوقت ينفد وأنه يجب على كلا الجانبين التحرك قبل فوات الأوان.

لعنة الاحتلال المتبادلة

لكي نفهم التأثير الكارثي للاحتلال على الإسرائيليين والفلسطينيين على حد سواء، يتعين على المرء أن يأخذ في الاعتبار إحصائية بالغة الأهمية: ما يقرب من 80% من الإسرائيليين اليوم وأكثر من 90% من كل الفلسطينيين ولدوا بعد استيلاء إسرائيل على الضفة الغربية وقطاع غزة عام 1967.[16] ما عليك سوى التفكير في *الآثار*

---

[16] الأعداد تقريبية ومأخوذة من بيانات ديمغرافية نشرها "كتاب حقائق العالم" (The World Factbook).

النفسية والعاطفية واليومية لهذا الواقع المدمر والطريقة التي شكلت بها المجتمعين، وكيف تأثروا به وكيف ينظرون إلى بعضهم البعض.

تحدثت في شهر سبتمبر مع والد جندي يخدم حاليًا في الضفة الغربية لمعرفة الوضع على الأرض الآن. وقد رويت لي القصة التالية بخصوص محادثة أجراها الجندي مع صبي فلسطيني والتي توضح الوضع الذي نشأ فيه الملايين في الأراضي المحتلة.

غامر الجندي بسؤال صبي فلسطيني يبلغ من العمر 13 عامًا عن شعوره تجاه حياته، وتجاه اليهود الإسرائيليين، وتجاه الاحتلال بشكل عام. تردد الصبي الصغير في البداية في الإجابة خوفا من أنه إذا قال شيئا يسيء إلى جندي إسرائيلي فإن ضررا حقيقيا سيلحق به. وعندما شعر الجندي بتردد الصبي، أكد له أنه لن يتعرض للأذى. "هل حقا تريد أن تعرف؟" - سأل الصبي. وتابع الصبي دون أن ينتظر جوابا: "توفي جدي عن عمر يناهز 64 عاما، مذلولا وعاطلا عن العمل. لقد شعر بالخجل لأنه لم يتمكن من إعالة أسرته وكانت الكلمات القليلة الأخيرة التي قالها لأبي وهو على فراش الموت هي: *"لا تدعهم يفعلون بك ما فعلوه بي"*. كان والدي يعلم جيدًا مر به والده في ظل الاحتلال، حيث عاشه منذ أن كان في التاسعة من عمره.

"لم يكن وضع والدي أفضل بكثير. لقد داهمت قوات الأمن الإسرائيلية منزلنا الصغير ثلاث مرات؛ وفي كل مرة أستيقظ فيها مرعوبًا، أصرخ، على أمل أن يكون مجرد كابوس فظيع. ثم أدركت أن الأمر كان حقيقيًا للغاية. ولا أزال أرى والدتي وهي ترتعد من الخوف، وقد حذرها الجنود من الصراخ بينما كانوا يقيدون والدي ويدفعونه خارج الباب. وفي كل مرة كان يقضي عدة أيام في السجن ثم يطلق سراحه دون أن توجه إليه أي تهمة بارتكاب أي جريمة". والدموع تنهمر على خديه، نظر الصبي مباشرة إلى عيني الجندي وقال: «لقد سحقت كرامته؛ يعيش في خوف ولا يعرف متى سيتم سجنه مرة أخرى. لقد زرع الجنود

أمثالك الرعب في قلبه وجعلوا حياته بائسة.أجل، بعد أن اقتلعت أشجار الزيتون لدينا وهي مصدر رزقنا الرئيسي على يد جنود مثلك تمامًا، أصبح والدي الآن رجلاً مكسورًا، يكافح يومًا بعد يوم لتغطية نفقاتنا.

"هل تريد أن تعرف أكثر؟ سأخبرك. أنت الآن تسرق مني *مستقبلي* وتعاملني وأصدقائي مثل الكلاب الضالة. لماذا؟ *ماذا فعلت*؟ حتى لو ارتكب جدي أو والدي جريمة، *فلماذا أعاني* بسبب تجاوزاتهم؟ لا أستطيع أبداً أن أسامح أو أنسى، كيف أستطيع؟ أنا نتاج جيل ثالث من الفلسطينيين اليائسين الذين يعانون من واقع الاحتلال القاسي. لا أعرف أين سأكون بعد خمس أو عشر سنوات، ربما في السجن أو ميتًا، مثل الـ 300 فلسطيني الذين قُتلوا بالرصاص على يد القوات الإسرائيلية في العام الماضي وحده، لكنني

أعرف شيئًا واحدًا: أريد الانتقام من كل المظالم والإذلال اليومي الذي نقاسي منه".

ورغم أن هذه رواية للحديث وليست نقلًا دقيقًا لما حدث، إلا أنها، حسب ما أعرفه عن كثب، تنقل الواقع في الضفة الغربية بدقة وتعكس أفكار ومشاعر هذا الصبي الصغير الذي خوفه وغضبه حقيقيان جدا. هذه القصة المؤلمة ليست سوى واحدة من آلاف الحكايات المماثلة التي تسمعها في جميع أنحاء الضفة الغربية. ويتحمل الفلسطينيون الألم والمعاناة والإذلال الذي يسببه الاحتلال كل يوم وفي كل مكان يذهبون إليه دون أي راحة في الأفق. يواجه الفلسطينيون كل يوم عند بزوغ الفجر حوادث مروعة جديدة أصبحت هي القاعدة: الإخلاء القسري للفلسطينيين من منازلهم التي عاشت فيها عائلاتهم لأجيال، ومصادرة الأراضي التي يُزعم أنها ضرورية للأمن، وسجن الشباب الأبرياء دون تهم، أو المضايقات اليومية والعنف الذي يمارسه المستوطنون ضد الفلسطينيين العاديين ومعاملة المسلحين المشتبه بهم بوحشية دون أي دليل على ارتكابهم أي مخالفات. ويُفترض أن الفلسطينيين مذنبون، ويقع على عاتقهم عبء إثبات براءتهم. وفي الواقع، لا يستطيع أي فلسطيني الهروب من رائحة الاحتلال أينما ذهب أو اختبأ.

إسرائيل، بطبيعة الحال، لا تريد أن يتم الإبلاغ عن أي من انتهاكاتها المروعة لحقوق الإنسان أو الكشف عنها. تفيد منظمة حقوق الإنسان "هيومنرايتسووتش" أن إسرائيل "تنفذ اعتداءً شاملاً غير مسبوق على المدافعين عن حقوق الإنسان... في 18 أغسطس / آب، داهمت السلطات الإسرائيلية مكاتب سبع منظمات مجتمع مدني فلسطينية بارزة" (شاكر 2022). وفي حادثة منفصلة، اعتقلت قوات الأمن الإسرائيلية ناصر النواجعة، الباحث الميداني في منظمة بتسيلم الحقوقية الإسرائيلية (2022)، والذي صرح بعد اعتقاله:

ليس من المستغرب أن تلاحق إسرائيل الأشخاص الذين يوثقون المظالم التي ترتكبها في الأراضي المحتلة ويعملون على فضحها. إن عنف القوات الإسرائيلية ليس بالأمر الجديد – فهو جزء يومي من عملي ومن حياة جميع الفلسطينيين في الأراضي المحتلة... وقد يكون مصير الدفاع عن حقوق الإنسان في إسرائيل وفلسطين على المحك.

ليس من الصعب أن نتصور تأثير معاملة إسرائيل للفلسطينيين في الأراضي المحتلة. لقد أصبح الفلسطينيون يشعرون بالمرارة والاستياء والكراهية الشديدة. إن ما تفعله إسرائيل يتلخص في استفزاز الفلسطينيين عمداً من خلال معاملتها القاسية، وبالتالي، بشكل مباشر أو عن غير قصد، تغذية النزعة القتالية الفلسطينية، الأمر الذي يشجع المقاومة العنيفة التي تستطيع إسرائيل احتواؤها بسهولة. ثم تستدير إسرائيل وتتهم الشباب الفلسطينيين بأنهم متشددون ومصممون على قتل الإسرائيليين، مستخدمة هذه الادعاءات الكاذبة إلى حد كبير لتشديد سيطرتها على الأراضي باسم الأمن القومي وتبرير استمرار الاحتلال. وعلى هذا النحو، فإن الحكومات الإسرائيلية المتعاقبة، وخاصة تلك التي يقودها زعماء يمينيون، مثل رئيس الوزراء السابق نتنياهو الذي

يتذكره الناس بإصراره المتكرر على أنه "لن تكون هناك دولة فلسطينية تحت إشرافي"،[17] تؤكد أنه نظراً لتشدد الفلسطينيين ومع العداء العميق تجاه إسرائيل، لا يمكن لأي حكومة إسرائيلية أن تسمح بإقامة دولة فلسطينية من شأنها أن تشكل تهديدا وجوديا للبلاد.

لعنة تطبيع الاحتلال

هذا هو واقع الاحتلال وعواقبه المأساوية بالنسبة للفلسطينيين، لكنه مأساوي بنفس القدر بالنسبة للإسرائيليين، وإن كان بطريقة مختلفة ومع آثار مختلفة على الإسرائيليين كأفراد وعلى إسرائيل نفسها كدولة يهودية. إن تطبيع الاحتلال هو لعنة لا يزال العديد من الإسرائيليين غافلين عنها، على الرغم من أنها تؤدي بشكل خطير إلى تآكل الأساس الأخلاقي الذي قامت عليه إسرائيل. إن الغالبية العظمى من الإسرائيليين الذين نشأوا مع الاحتلال لا يعيرون اهتماماً عموماً لما يحدث في الأراضي المحتلة. وعلى الرغم من أن وسائل الإعلام الوسطية ويسار الوسط والعشرات من منظمات حقوق الإنسان تدق ناقوس الخطر، إلا أنها لم تفعل الكثير لجعل الإسرائيليين بشكل عام أكثر ضميرًا واهتمامًا - ليس فقط فيما يتعلق بما يحدث في المناطق، ولكن أيضًا فيما يتعلق بكيفية تأثير الاحتلال على شخصيتهم.

بعد أكثر من ألف عام من العزل والاضطهاد والطرد والموت، تم إنشاء إسرائيل لتوفير وطن وملجأ لليهود ليعيشوا بأمان مع إخوانهم اليهود دون خوف مما قد يخبئه الغد. لقد أصبح إنشاء إسرائيل ضروريا على وجه التحديد بسبب المعاناة التي لا توصف والتي تعرض لها اليهود لقرون في جميع أنحاء الشتات. قد يتصور المرء أن آخر شيء قد تفعله إسرائيل، باعتبارها دولة يهودية، هو إخضاع الآخرين لنفس المعاملة اللاإنسانية، *وبالتالي فقدان الضرورة الأخلاقية التي أدت إلى وجودها*.

وبالنسبة لعشرات الآلاف من الفتيان والفتيات الإسرائيليين، مثل آبائهم وحتى أجدادهم، فإن الضفة الغربية هي امتداد لإسرائيل نفسها. لقد تم تعليمهم وتلقينهم الاعتقاد بأن هذه الأرض قد ورثوها حصريًا من الله عز وجل إلى الأبد، وأن اليهود عادوا لاستعادة ما هو في الأصل ملك لهم. ويتم تصوير الفلسطينيين على أنهم العدو الدائم الذي لا يمكن الوثوق به أو التصالح معه. إن هذا التجريد من الإنسانية للفلسطينيين يغيب عن جزء كبير من وعي الجمهور الإسرائيلي. يتم إيقاظهم مؤقتًا عند وقوع حادث عنيف من قبل فلسطيني ضد اليهود الإسرائيليين أو حرب صغيرة أخرى مع حماس، ولكن سرعان ما يتم نسيان ذلك عندما تتعامل قوات الأمن الإسرائيلية بلا رحمة مع الموقف، وذلك لتعليم أي فرد فلسطيني متطرف محتمل أو مجموعة درسا لن ينسوه. إن اندلاع العنف الأخير في أغسطس/آب بين إسرائيل وحركة الجهاد الإسلامي في غزة يقدم مثالاً آخر يوضح هذا الوضع المؤسف.

---

[17] https://www.cnn.com/2015/03/16/middleeast/israel-netanyahu-palestinian-state/index.html.

وعلى الرغم من تاريخ اليهود الطويل والمثير للقلق، فحتى بعد حصولهم على استقلالهم بتكلفة لا يمكن تصورها، فإن أغلبية متزايدة من اليهود الإسرائيليين تفشل في فهم *أنهم ليسوا أحراراً حقاً ما داموا يرفضون حق الفلسطينيين في تقرير المصير*. لقد أدى تطبيع الاحتلال إلى جعل الإسرائيليين يشعرون بالخدر على نحو متزايد تجاه محنة الفلسطينيين، ونسوا شعور العيش في العبودية مع أمل ضئيل أو معدوم في غد أفضل وأكثر وعودا. ولكن عندما تتحول هذه اللامبالاة تجاه آلام الآخرين إلى أسلوب حياة، فإنها تجرّد الفرد الإسرائيلي من إنسانيته وكرامته، وهي أمور أساسية لحياة صحية. لا شك أن إساءة معاملة الفلسطينيين في الأراضي المحتلة أصبحت تنتقل عبر الأجيال. ومع مرور كل جيل جديد، يصبح الإسرائيليون أكثر اعتياداً على الواقع الذي يؤدي إلى المزيد من الحط من إنسانيتهم.

زد على ذلك، فرغم أن أغلبية متزايدة من الإسرائيليين تستطيع الآن أن تتعايش مع الاحتلال دون قدر كبير من القلق بشأن الكيفية التي قد يتطور بها، إلا أن هناك من يريد إنهائه وهم يدركون مدى تدميره لكل من الإسرائيليين والفلسطينيين على حد سواء. ومع ذلك، لا يزال الكثيرون متخوفين من مناقشة الأمر علناًخوفاً من الاتهامات بأنهم مناهضون لإسرائيل ومؤيدون للفلسطينيين. وبالتأكيد، فقد خلق الاحتلال انقساما اجتماعيا بين الجانبين. هناك هؤلاء الإسرائيليون اليمينيون الذين أقسموا على التمسك بالمناطق بأي ثمن ومنع الفلسطينيين من إقامة دولة مستقلة خاصة بهم. وهناك أولئك الذين يعارضون الاحتلال ليس فقط لأن دوافعهم تتعلق بمخاوف إنسانية، بل أيضاً لأنهم يريدون حماية ديمقراطية إسرائيلالتي تتدهور بسرعة. في الواقع، تطبق إسرائيل مجموعتين من القوانين في الأراضي المحتلة: واحدة لليهود الإسرائيليين الذين يتمتعون بحقوق ومزايا وحماية المواطنة الإسرائيلية، ومجموعة أخرى من القوانين العسكرية التمييزية التي تنطبق على الفلسطينيين وتنطوي على قاعدة فقهية مختلفة تمامًا، وهو نقيض الديمقراطية. وعلى هذا النحو، أصبحت إسرائيل دولة فصل عنصري بحكم الأمر الواقع، مخيبة للآمال ومزعجة لأصدقائها بشدة ومكروهة بشدة ويقاومها أعداؤها.

وهكذا، فعندما يصبح اليهود المضطهدون تاريخياً هم الذين يضطهدون، فإن إسرائيل لا تقوض شرعيتها الأخلاقية فحسب، بل تعرض نفسها أيضاً أمام المنتقدين الذين يسعون خطأً إلى التقليل من شأن المحرقة أو حتى إنكارها، وهي المحرقة التي حفز رعبها المطالبة الأخلاقية بإقامة دولة يهودية على الأرض. جزء من وطن أجدادهم.

في وقت سابق من شهر سبتمبر / أيلول عام 2022، عندما التقى رئيس السلطة الفلسطينية عباس بالمستشار الألماني أولافشولتس، قال إن إسرائيل ارتكبت "50 مجزرة؛ 50 محرقة" ضد الفلسطينيين.[18] ورغم أن انتهاكات إسرائيل الفظيعة لحقوق

---

[18] راجع: الزعيم الفلسطيني يتهم إسرائيل بارتكاب 50 هولوكوست محدثاً ضجة عالمية See https://www.nytimes.com/2022/08/17/world/middleeast/palestinian-leader-accused-israel-of-50-holocausts-causing-an-uproar.html.

الإنسان ضد الفلسطينيين غير مقبولة على الإطلاق، فإن مقارنتها بالمحرقة في خمسين مرة أمر يستحق التوبيخ ويجب إدانته بأشد العبارات. ومع ذلك، فهو يوضح مدى التعجرف أو المبالغة الذي يتم به الإشارة إلى أعظم مأساة يتعرض لها أي شعب من قبل الرئيس عباسالذي من المفترض أنه يسعى للسلام مع إسرائيل. علاوة على ذلك، فإن أي شخص يهتم بإسرائيل ولكنه ينكر أن صعود معاداة السامية لا يُعزى، جزئيًا على الأقل، إلى الاحتلال والطريقة التي يُعامل بها الفلسطينيون هو واهم. إنهم يلحقون بإسرائيل واليهود، أينما يقيمون، ضررا فادحا لأنهم يحجبون التداعيات الكارثية للاحتلال.

وعلى الرغم من أن هذا الخلاف الداخلي بين اليهود الإسرائيليين فيما يتعلق بالاحتلال لم يصل حتى الآن إلى درجة الغليان، إلا أنه يظل شديداً ومن المحتم أن يطفو على السطح بشكل أو بآخر، خاصة في ضوء الاستقطاب السياسي المستشري في إسرائيل. الكلّ يريد أن يكون رئيساً للوزراء، لكن لا يوجد مسؤول لديه أي خطة أو رؤية على الإطلاق حول كيفية خلق الإجماع الوطني الذي سينهي الاحتلال ويعالج مطالبة الفلسطينيين المشروعة بدولة مستقلة *على أن تتعايش في سلام وأمن جنبا إلى جنب مع إسرائيل*.

إن المراجعة المذكورة أعلاه للاحتلال وتأثيره السلبي الشديد على كل من الفلسطينيين والإسرائيليين لا تترك مجالًا كبيرًا للتكهنات حول ما إذا كان الوقت قد حان لحل صراعهم أم لا. إن الاحتلال الإسرائيلي عبارة عن قنبلة موقوتة يمكن أن تنفجر دون سابق إنذار: وأي حادث عنيف يمكن أن يشعل حرباً لأن الغضب المشروع والشعور بالظلم بين الفلسطينيين يغلي تحت السطح، ومن المحتم أن ينفجر في نهاية المطاف. وفي الأثناء، فإن رضا الإسرائيليين عن أنفسهم وثقتهم بأنفسهم بأنهم قادرون على الحفاظ على *الوضع الراهن* والتعايش معه إلى أجل غير مسمى يحجب الكارثة التي تلوح في الأفق.

اللاجئون الفلسطينيون وحق العودة

لا يوجد مصطلح أفضل لوصف محنة اللاجئين الفلسطينيين من *المأساة*. إنه يخجل كل طرف شارك في تسببه وإدامته، بشكل مباشر وغير مباشر، بما في ذلك إسرائيل والدول العربية والأمم المتحدة والقيادة الفلسطينية على مدى السنوات الـ 73 الماضية. في الواقع، لم تكن هناك أي سابقة في العصر الحديث لأزمة اللاجئين التي ظلت قائمة وتزايدت بشكل كبير إلى مستوى ونطاق اللاجئين الفلسطينيين. وحتى المراجعة السريعة لمحنتهم تكشف عن الطريقة غير المعقولة التي تم التعامل بها معهم وعلاجها، مما يجعل حالتهم حادة ومؤلمة بشكل متزايد على مر السنين. ولا يزال وضع اللاجئين الفلسطينيين حتى يومنا هذا يمثل كارثة إنسانية، إذ لا يزال مستمرا دون نهاية في الأفق. لابد من معالجتها ليس فقط من أجل اللاجئين أنفسهم، بل وأيضاً لإزالة واحدة *من العقبات الرئيسية* التي أعاقت التوصل إلى حل شامل للصراع الإسرائيلي - الفلسطيني.

لا يتطلب الأمر خيالًا كبيرًا أو بحثًا مكثفًا لمعرفة أن أكثر من 1.5 مليون لاجئ فلسطيني ما زالوا يقبعون في 58 مخيمًا للاجئين في جميع أنحاء المنطقة، في الأردن ولبنان وسوريا وغزة والضفة الغربية، بما في ذلك القدس الشرقية (الأونروا). أبرز ما يميزهم في هذا اليوم هو حصولهم على حصتهم الغذائية التي لا تكاد تكفي لتوفير التغذية اللازمة، خاصة للصبيان والفتيات الصغار الذين هم في المراحل الأولى من نموهم العقلي. إنهم يعيشون في مخيمات مكتظة بالسكان ذات ممرات ضيقة ومزدحمةمع مرافق طبية تعاني من نقص الموظفين وسوء الإدارة وعدم انتظام إمكانية الحصول على مياه الشرب النظيفةوضعف إمكانية الحصول على التعليم. معدلات البطالة مرتفعة؛ وفي غزة يبلغ معدل البطالة 49 بالمئة، وفي مخيمات الأونروا في لبنان يبلغ معدل البطالة 60 بالمئة (الأونروا، ميدل إيستمونيتور 2021). هناك نقص في الأمن الفعال، وتفشي الجريمة والعنف داخل الأسر وفيما بينها. وتتفاقم معاناتهم بسبب القنوط واليأس من أن الغد لن يكون أفضل من اليوم.

لا يمكن التوصل إلى حل مستدام لقضية اللاجئين ما لم تعترف إسرائيل والدول العربية أولاً وتتحمل بعض المسؤولية عن "الكارثة الكبرى" (النكبة) التي حلت بالفلسطينيين والتي تعزى إلى الموجة الكبرى الأولى من اللاجئين. وتشير التقديرات إلى أن أكثر من 750 ألف فلسطيني أصبحوا لاجئين نتيجة لحرب استقلال إسرائيل فى عام 1948. وقد تضخم عددهم بعد ذلك إلى أكثر من 5 ملايين (الأونروا). ويعزى هذا النمو الهائل وإطالة أمد محنة اللاجئين إلى أربعة عوامل: أ) النمو السكاني الطبيعي، ب) موجة جديدة من اللاجئين الفلسطينيين الناتجة عن حرب الأيام الستة عام 1967، ج) رفض قيام دولة فلسطينية وعدم قيام القادة العرب بتسوية مشكلة اللاجئين دون ممارسة "حقهم في العودة"، د) عدم بذل الأمم المتحدة أي جهد لتسوية مشكلة اللاجئين على أساس دائم.

دور إسرائيل

رفضت إسرائيل منذ قيامها بشكل قاطع الاعتراف بأنها لعبت أي دور في التسبب في طرد الفلسطينيين مما يعرف اليوم بدولة إسرائيل. ومع ذلك، هناك سجلات تاريخية لا جدال فيها توضح بالتفصيل مسؤولية إسرائيل في خلق مشكلة اللاجئين الفلسطينيين. قامت إسرائيل بإخلاء عشرات الآلاف من الفلسطينيين بالقوة من منازلهم في المدن والقرى في جميع أنحاء إسرائيل الحديثة، بما في ذلك الرملة واللد (اللد حاليًا). وأمر رئيس الوزراء ديفيد بن غوريون بطرد جميع الفلسطينيين، وهو ما وقع عليه المقدم آنذاك إسحاق رابين: "يجب طرد سكان اللد بسرعة دون الاهتمام بالعمر" (نيف 1994). ولتبرير عدم رغبتها في السماح لأي عدد كبير من اللاجئين بالعودة إلى منازلهم وقراهم، أصرت إسرائيل على وجود *تبادل سكاني فعلي*.

غادر في الواقع أكثر من 850 ألف يهودي من أصول شرق أوسطية وشمال أفريقية بلدانهم بعد عام 1948؛ واستقر 586.000 منهم في إسرائيل (هوج 2007، المكتبة الافتراضية اليهودية). وعلى هذا النحو، تدعي إسرائيل أنه لا يوجد أي مبرر لمطالب الفلسطينيين أو الدول العربية بالسماح بعودة اللاجئين الفلسطينيين إلى إسرائيل. إن ما

لم تفهمه أو تقدره الحكومات الإسرائيلية المتعاقبة قط هو حقيقة أن مشكلة اللاجئين الفلسطينيين لم تقتصر فقط على أعدادهم أو معاملتهم اللاإنسانية. فبعد مرور أربعة وسبعين عاماً، وعلى الرغم من أن الغالبية العظمى من اللاجئين قد توصلوا تدريجياً إلى استنتاج مفاده أن حقهم في العودة لم يعد من الممكن ممارسته، إلا أنهم ما زالوا يطالبون بالمحاسبة والاعتراف بالمأساة التي لحقت بهم على يد الدولة الإسرائيلية الوليدة والتي لا تزال تطاردهم حتى يومنا هذا. ومن أجل وضع السرد التاريخي في نصابه الصحيح والتخفيف من الصدمة النفسية التي تعرضوا لها، فإنهم يريدون الاعتراف بما حدث لهم.

علاوة على ذلك، فإن ما زاد الملح على جرحهم المتقيح هو أن إسرائيل تحركت لبناء المستوطنات خلال فترة قصيرة بعد احتلالها للضفة الغربية وغزة بدءاً من المناطق المحيطة بالقدس. وكما يرى اللاجئون، فإنهم لم يُنفوا من ديارهم فحسب، بل إن الفلسطينيين الذين بقوا يتم تهجيرهم الآن من خلال ضم المزيد من الأراضي الفلسطينية لإفساح المجال أمام المستوطنات اليهودية.

الدول العربية

أضافت الدول العربية أيضاً إلى قائمة محن اللاجئين بشكل ملحوظ من خلال دعوتها الفلسطينيين علنًا خلال حرب عام 1948 إلى مغادرة منازلهم والعودة للحصول على الغنائم بمجرد هزيمة إسرائيل. استجابت أعداد كبيرة من الفلسطينيين لدعوة الدول العربية وغادروا منازلهم، ولكن بعد انتصار إسرائيل لم يُسمح لهم بالعودة. ولم تنتصر إسرائيل في الحرب فحسب، بل استولت على المزيد من الأراضي، مما أدى إلى موجة أخرى من اللاجئين. ومن المؤسف أن الدول العربية استمرت لأكثر من 50 عاماً في الإصرار على أن لا سلام ولا اعتراف ولا مفاوضات مع إسرائيل (قرار الخرطوم عام 1967) الذي من الواضح أنه أدى إلى خروج وضع اللاجئين الكئيب الحقيقي عن مساره، والأمل الوحيد الباهت الذي كانوا متمسكين به قد أصبح مجرّد شعار أكثر من كونه حلاً عمليًا.

من المؤكد أنه، باستثناء مصر والأردن، اللتين عقدتا السلام مع إسرائيل في عامي 1979 و1994 على التوالي، واصلت الدول العربية معارضتها لوجود إسرائيل لأكثر من خمسة عقود من الزمن. إن إصرارهم على حق العودة كان من شأنه أن يجعل أي جهد لتسوية قضية اللاجئين يبدو متناقضًا مع روايتهم العامة. وهكذا تُرك اللاجئون لشأنهم، على أمل أن يتمكن قادتهم أو المجتمع الدولي في نهاية المطاف من إجبار إسرائيل على ذلك. ومما لا شك فيه أن الدول العربية جعلت الأمور أسوأ بكثير بالنسبة للاجئين من خلال توفير غطاء للقادة الفلسطينيين للالتزام بشعار حق العودة على الرغم من أن كل يوم يمر يجعل عودة اللاجئين أكثر غير واقعية ومحنتهم. حادة على نحو متزايد.

وطوال فترة الصراع العنيف المتقطع بين إسرائيل والدول العربية والذي بلغ ذروته في حرب الأيام الستة، تفاقمت معضلة اللاجئين وأصبح أي حل لتخفيف أزمتهم الإنسانية بعيد المنال بشكل متزايد. لم يكن الأمر كذلك حتى عام 2002 عندما طرحت الدول العربية بقيادة المملكة العربية السعودية مبادرة السلام العربية التي أسقطت فعليًا مطلب حق العودة رغم أنها لم تنص على ذلك صراحةً: بدلاً من ذلك، دعت المبادرة إلى "التوصل لحل عادل لقضية اللاجئين الفلسطينيين". (مبادرة السلام العربية 2002).

وعلى مدى العقود السبعة الماضية، منذ الأحداث المأساوية عام 1948، لم تغير القيادة الفلسطينية لهجتها أبدًا، واستمرت عمدًا وبلا هوادة في إعلان حق العودة واستخدام هذا المصطلح *كأداة سياسية* لتعزيز قضية اللاجئين، التي عرقلت التوصل إلى حل فعلي لمشكلة اللاجئين. وغني عن القول أنه من خلال تعزيز حق العودة، لم يتمكنوا من السعي في الوقت نفسه إلى تسوية قضية اللاجئين بأي طريقة أخرى.في عام 2000، في كامب ديفيد، عندما جلس رئيس الوزراء الإسرائيلي إيهود باراك وياسر عرفات، رئيس السلطة الفلسطينية، للتفاوض على اتفاق سلام تحت رعاية إدارة كلينتون، كاد الطرفان أن يتوصلا إلى اتفاق على أساس حلّ الدولتين، فقط ليتم إفشاله بقضية اللاجئين.

لقد أخبرني أحد كبار المسؤولين الإسرائيليين الذي كان على علم مباشر بتلك المفاوضات، أنه بخلاف الاتفاق على حل الدولتين، تمت مناقشة مشكلة اللاجئين الفلسطينيين بشكل مستفيض. وتم الاتفاق في نهاية المطاف على السماح لما بين 20,000 إلى 25,000 لاجئ بالعودة بموجب لم شمل الأسرة، مما أدى في النهاية إلى وضع حد لمسألة حق العودة. لكن الرئيس عرفات رفض التوقيع على الخط المنقط، مدعيا أنه لا يحق له التوقيع نيابة عن الجيل القادم من الفلسطينيين، وأصر على أن أي اتفاق يتم توقيعه بينهما يجب أن ينص من حيث المبدأ على حق اللاجئين الفلسطينيين في العودة. وأخيراً، فشلت مفاوضات السلام، وبعد أقل من عامين اندلعت الانتفاضة الثانية، مما قوض بشدة أي احتمال للسلام حتى يومنا هذا. لقد أصبح الإسرائيليون غير واثقين تمامًا من الفلسطينيين، وبدأوا يتحركون تدريجيًا نحو يمين الوسط. وتسارع بناء المستوطنات الجديدة وتوسيع المستوطنات القائمة، وتفاقمت محنة اللاجئين مع تزايد البؤس واليأس.

وكالة الأمم المتحدة لإغاثة اللاجئين الفلسطينيين (الأونروا)

الأونروا – وكالة الأمم المتحدة التي قادت برامج إغاثة اللاجئين الفلسطينيين من خلال توفير الغذاء والرعاية الصحية والتعليم على مدى العقود السبعة الماضية وتحتفظ بسجلات للسكان اللاجئين وأماكن إقامتهم – لم تؤدي إلا إلى إطالة أمد تشتيتهم وتشريدهم ومعاناتهم بطرق عديدة. . وطوال هذه السنوات، لم تتخذ الأمم المتحدة أي مبادرة كبيرة لإيجاد حل دائم لإنهاء بؤسهم، سواء من خلال إعادة التوطين و/أو التعويض. ولم تسمح الدول العربية للأمم المتحدة بالقيام بمثل هذا الجهد لأنها مستمرة في التشبث بفكرة حق العودة اليائسة. وتركزت الجهود المبذولة

لمساعدة اللاجئين إلى حد كبير على جمع ما يكفي من الأموال لتلبية احتياجاتهم، بغض النظر عن حقيقة أنه كلما طال أمد مشكلة اللاجئين، كلما زاد عددهم، مع تزايد صعوبة الحصول على التمويل المناسب لسد احتياجاتهم.

القوى الغربية، وخاصة الاتحاد الأوروبي والولايات المتحدة، هي المساهمون الرئيسيون في الأونروا التي بالكاد تستطيع اللحاق بالمتطلبات المالية المتزايدة للاجئين. وعلى الرغم من أن الأونروا لا تزال لا غنى عنها لرفاهية اللاجئين، إلا أنها أطالت ظروفهم عن غير قصد، وبعد مرور سبعة عقود لا يوجد حتى الآن ضوء في نهاية النفق المظلم الذي كان اللاجئون يعبرونه بشكل يائس خلال هذه السنوات العديدة. ومن المؤسف أن وكالات الأمم المتحدة يمكن أن تكون مدفوعة أيضًا بالحفاظ على الذات، حيث لا توجد منظمة ترغب في "التوقف عن العمل"، ومن المؤكد أن الأونروا مذنبة بهذه التهمة. ومع ذلك، فإن الأونروا، حتى لو أرادت ذلك، لا تستطيع أن تعمل بمفردها على حل مشكلة اللاجئين دون الدعم الكامل من المجتمع الدولي، وخاصة الدول العربية التي تفضل حلها من خلال إعادة التوطين و/أو التعويض. أخبرني أحد كبار المسؤولين الإسرائيليين الذين شاركوا في مفاوضات السلام في الفترة 2008-2009 أن القادة الفلسطينيين ما زالوا موافقين من حيث المبدأ على مثل هذا الحل، بشرط أن *يتم ذلك في سياق التوصل إلى اتفاق سلام مع إسرائيل على أساس حل الدولتين.*

إنني أؤيد بالكامل فكرة أن حل أزمة اللاجئين الفلسطينيين في هذه المرحلة لا يمكن تحقيقه خارج الإطار العام لاتفاقية سلام إسرائيلية - فلسطينية شاملة. ولتحقيق هذه الغاية، سيكون من الأهمية بمكان أن تعلن إسرائيل عن استعدادها للمساهمة مالياً وهيكلياً في إعادة توطين اللاجئين، الأمر الذي سيُنظر إليه على أنه تحمل إسرائيل لبعض المسؤولية دون الاعتراف منهابأنها ساهمت في خلق معضلة اللاجئين. من المؤكد أن مثل هذه البادرة من جانب إسرائيل ستساعد في التخفيف من المعاناة النفسية والعاطفية المؤلمة التي لا تزال تطارد اللاجئين حتى يومنا هذا، بغض النظر عن أماكن إقامتهم وظروفهم الاجتماعية والاقتصادية. كما أن مثل هذا الاعتراف سيجعل من الممكن سياسيًا للقيادة الفلسطينية أن تخفف من موقفها وتتوقف بمرور الوقت عن التأكيد علنًا على حق العودة كشرط أساسي لحل الصراع الإسرائيلي - الفلسطيني.

وعوضاً عن ذلك، ستبدأ السلطة الفلسطينية باستخدام عبارة "الحل العادل لمشكلة اللاجئين الفلسطينيين" التي وردت في مبادرة السلام العربية (2002). ومن خلال التخلي عن الاستخدام المتكرر لعبارة *"حق العودة"*، ستشرع السلطة الفلسطينية، بدعم من الدول العربية إلى جانب الاتحاد الأوروبي والولايات المتحدة وإسرائيل، في وضع خطة شاملة وتوفير التمويل لتسهيل إعادة التوطين و / أو تعويض اللاجئين. ينبغي أن تكون *مثل هذه الخطة جزءا لا يتجزأ من عملية المصالحة التي قد تستغرق خمس إلى سبع سنوات أو أطول بين إسرائيل والفلسطينيين والتي من شأنها أن تؤدي إلى إقامة دولة فلسطينية مستقلة التي يجب أن توافق عليها إسرائيل باعتبارها الهدف النهائي عند بداية عملية المصالحة بين الجانبين* (بن مئير 2022). إن تحديد هدف إقامة الدولة الفلسطينية سيوفر للفلسطينيين كل الحوافز للاستثمار في بناء الدولة

والتعاون في عملية المصالحة. ويدرك الفلسطينيون أن *التعاون الكامل والحقيقي* مع إسرائيل – "من شعب لشعب" و "من حكومة لجكومة" على كافة المستويات الإجتماعية والاقتصادية وخصوصاً الأمنية – *هو شرط لا بدّ منه* لتحقيق تطلعاتهم إلى إقامة الدولة.

الخاتمة

لقد كان الصراع الإسرائيلي - الفلسطيني بمثابة أزمة منهكة ومستهلكة ومستمرة لم يسبق لها مثيل منذ الحرب العالمية الثانية. لقد تسببت في خسائر فادحة بشكل غير عادي من كلا الجانبين. أولئك الذين يعتقدون أن الوقت ليس مثالياً للحل ولا يقدمون خريطة طريق لكيفية تحقيقه يطيلون فقط أمد الصراع ودفعه إلى شفا الكارثة. لقد حان الوقت للتفكير من جديد وعدم السماح لواجهة الهدوء الحالية نسبياً بحجب الخطر الذي يلوح في الأفق.

كانت الفكرة وراء اقتراحي لإنشاء كونفدرالية إسرائيلية -فلسطينية- أردنية (بن مئير 2022) هي بدء نقاش جدي بين كل فرد ومنظمة مجتمع مدني ومؤسسة وحزب سياسي يهتم بإيجاد حل سلمي للصراع الإسرائيلي- الفلسطيني. وكان هذا العدد الخاص من مجلة "الشؤون العالمية" (*World Affairs*) أحد نتائج هذه الفكرة. يجب علينا جميعًا الآن أن ندق ناقوس الخطر لأن انتظار "الوقت المناسب" لإنهاء الاحتلال وتسوية أزمة اللاجئين الإنسانية قد لا يأتي أبدًا ما لم نتحرك. ويقع العبء على عاتق كل من يعنيه الأمر أن يساعد في تحقيق ذلك *الوقت المناسب* من خلال تهيئة بيئة مواتية جديدة من خلال *عملية مصالحة* من شأنها أن تمهد الطريق لحل دائم.

إن خطتي المقترحة لإنشاء اتحاد كونفدرالي إسرائيلي - فلسطيني - أردني تقدم خريطة طريق لتحقيق هذه الغاية. من المؤكد أن الاقتراح مفتوح لمزيد من المناقشة والتعديل والتحسين، لكن الفكرة الرئيسية تظل كما هي على وجه التحديد لأن الظروف على الأرض التي تدعم بشكل كامل إنشاء الكونفدرالية لا تخضع لتغيير جذري.

وأخيرا، اسمحوا لي أن أكرر ما كنت ألحّ عليه منذ أكثر من ثلاثة عقود. يتمتع كل من الإسرائيليين والفلسطينيين على حد سواء بجذور تاريخية ودينية لا جدال فيها في نفس الأرض. وهم يعلمون أيضاً أن تعايشهم ليس مجرد خيار واحد إلى جانب خيارات أخرى: بل هو واقع لا يمكن لأحد أن يغيره إلا بحدث كارثي. إنهم عالقون مع بعضهم البعض إلى أجل غير مسمى. إنهم محكوم عليهم أو مكلفون إلهيا بالتعايش. والأمر متروك لهم الآن تماما لاختيار طبيعة تعايشهم. هل يريدون الحفاظ على علاقة عنيفة مشحونة بالكراهية الشديدة والحدة لتسميم جيل تلو الآخر، الأمر الذي لن يؤدي إلا إلى المزيد من الدمار وسفك الدماء واستهلاكهم من الداخل وإطفاء آخر بقايا إنسانيتهم؟ أم أنهم يريدون النمو والازدهار معًا والاستفادة من مواردهم البشرية المذهلة مجتمعة للدخول في حقبة جديدة، نهضة تحت مظلة كونفدرالية إسرائيلية- فلسطينية- أردنية ستكون لها آثار إقليمية هائلة من حيث الرخاء والأمن والسلام؟

أنا أعلم أن ما أقترحه سوف يبدو في نظر كثيرين طوباوياً وغير واقعي،

المراجع

"60% من لاجئي فلسطين في لبنان أصبحوا الآن عاطلين عن العمل، كما يقول أحد الناشطين." **ميدل إيستمونيتور"**

(*Middle East Monitor*)، 8 أكتوبر 2021.
https://www.middleeastmonitor.com/20211008-60-of-palestine-refugees-in-lebanon-now-unemployed-activist-says/.

"مبادرة السلام العربية". 2002. البرلمان الأوروبي. بيروت، 28 مارس/آذار.
https://www.europarl.europa.eu/meetdocs/2009_2014/documents/empa/dv/1_arab-initiative-beirut_/1_arab-initiative-beirut_en.pdf (تم الاطلاع عليها في 31 أغسطس/آب 2022).

بن مئير، ألون (Ben Meier, Alon). 2022. "مبررات كونفدرالية إسرائيلية - فلسطينية - أردنية: لماذا الآن وكيف؟ "قضايا العالم" (*World Affairs*) 185 (1): 58-9. https://doi.org/10.1177/00438200211066350.

فابيان، إيمانويل.(Fabian, Emanuel) 2022. "إسرائيل ستسمح لـ 1500 عامل فلسطيني إضافي بالدخول من غزة يوم الأحد". تايمز أوف إسرائيل (*The Times of Israel*)، 19 أغسطس. https://www.timesofisrael.com/israel-to-allow-1500-more-palestinian-workers-to-enter-from-gaza/.

"صحيفة حقائق(Fact Sheet): اللاجئون اليهود من الدول العربية." المكتبة الافتراضية اليهودية (*Jewish Virtual Library*.) تم الوصول إليه في 2 سبتمبر 2022. https://www.jewishvirtuallibrary.org/jewish-refugees-from-arab-countries .

هوج ، وارن (Hoge, Warren). 2007. "المجموعة تسعى لتحقيق العدالة لليهود "المنسيين"". *The New York Times* "، 5 نوفمبر/تشرين الثاني.
https://www.nytimes.com/2007/11/04/world/americas/04iht-nations.4.8182206.html .

"الشاباك يعتقل ويحقق مع باحث بتسيلم الميداني؛ بتسيلم: 'اعتقال مشين يهدف إلى عرقلة عمل منظمة حقوقية'". 2022. بتسيلم، 12 آب/أغسطس.

https://www.btselem.org/press_releases/20220812_isa_detains_a
.nd_interrogates_btselem_field-researcher

نيف، دونالد (Neff, Donald) 1994. "طرد الفلسطينيين – اللد والرملة عام 1948". تقرير واشنطن حول شؤون الشرق الأوسط ، يوليو/أغسطس: 72.
https://www.wrmea.org/israel-palestine/middle-east-history-expulsion-of-the-palestinians%E2%80%94lydda-and-ramleh- in-
. 1948.html

شاكر، عمر (Shaker, Omar). 2022. "دق ناقوس الخطر: اعتداء إسرائيل الشامل على المدافعين عن الحقوق". هيومن رايتس ووتش، 19 أغسطس/آب.
https://www.hrw.org/news/2022/08/19/reach-alarm-israels-all-
.out-assault-rights-defenders

كتاب حقائق العالم (The World Factbook). واشنطن العاصمة: وكالة المخابرات المركزية. يتم تحديثها باستمرار.
https://www.cia.gov/library/publications/the-world-factbook (تم الاطلاع في 1 سبتمبر 2022).

الأونروا (UNRWA). 2021. "النداء الطارئ للأراضي الفلسطينية المحتلة 2021".
https://www.unrwa.org/sites/default/files/content/resources/opt_2
. 021_ea_factsheet_eng.pdf

الأونروا (UNRWA) "اللاجئون الفلسطينيون". تم الوصول إليه في 1 سبتمبر 2022. https://www.unrwa.org/palestine-refugees.

نبذة عن المؤلف

الدكتور ألون بن مئير هو أستاذ متقاعد في الشؤون الدولية، وقد قام مؤخراً بالتدريس في مركز الشؤون العالمية بجامعة نيويورك. بن مئير خبير في شؤون الشرق الأوسط وغرب البلقان والمفاوضات الدولية وحل النزاعات. شارك بن مئير في العقدين الماضيين بشكل مباشر في العديد من المفاوضات الخلفية التي شملت إسرائيل والدول المجاورة لها وتركيا.

يظهر بن مئير على مجموعة متنوعة من شبكات التلفزيون ويقدم أيضًا ملخصات منتظمة في وزارة الخارجية الأمريكية لبرنامج الزوار الدوليين. يكتب مقالاً أسبوعيًا يتم نشره عالميًا. قام الدكتور بن مئير بتأليف سبعة كتب تتعلق بالشرق الأوسط ويعمل حاليا على كتاب جديد حول حقوق الإنسان. حصل بن مئير على درجة الماجستير في الفلسفة والدكتوراه في العلاقات الدولية من جامعة أكسفورد.